따뜻한 동사

이든의 시 02

따뜻한 동사 ⓒ학명란, 2021

발 행 일   초판 1쇄 2021년 8월 30일
지 은 이   학명란
발 행 인   이영옥
편　 집   정재선

펴 낸 곳   도서출판 이든북
출판등록   제2001-000003호
주　 소   대전광역시 동구 중앙로193번길 73
전화번호   (042)222-2536
팩시밀리   (042)222-2530
전자우편   eden-book@daum.net

ISBN 979-11-6701-064-3 (03810)-
값 10,000 원

* 잘못된 책은 바꾸어 드립니다.
* 이 책 내용의 일부 또는 전부를 재사용하려면 반드시 저자와 이든북 양측의 동의를 받아야 합니다.

* 이 책은 **전라남도** 와 **전남 문화재단** 으로부터 지원받아 발간하였습니다.

이든의 시 02

따뜻한 동사

학명란 시집

이든북

시인의 말

하늘도 구름도 바람도 초록도 여전히 그대로여서
게을렀다 말하긴 너무 길고,
살기 급했다 말하기엔 좀 구차한
내 십년도 별일없었다고 묻어가기로 한다.
하지만 한 순간도 시를 잊은 적은 없다.
잊기엔 너무 아름답지 않은가.

                                            2021년 8월

                                   섬진강 물들이는 저녁무렵

차례

시인의 말　　　　　　　　　5

1

십일월 일일　　　　　　　15
월남사지　　　　　　　　16
밥　　　　　　　　　　　18
슬다　　　　　　　　　　20
겨를　　　　　　　　　　22
순희　　　　　　　　　　24
왕년에　　　　　　　　　26
들꽃　　　　　　　　　　28
빈 집　　　　　　　　　　30
어미　　　　　　　　　　31
헤어진 날　　　　　　　　32

봄 날	33
새해	34
길 없는 지도	36
아린芽鱗	38
민들레	40
얼음의 전설	42
소심한 허세	44
나마스테	46
하필	48
늙은 시인	50
양파	51
정류장에서	52

‖ 차례

2

옥수수	55
뉴스를 보다가 당신의 안부를 묻다	56
후숙	58
납월매	60
비오는 날	61
나의 '첫'들에게	62
욕	64
우화루雨花樓	66
질경이, 그리움에 닿기	68
시를 쓰는 일	70
길 861	72
벚꽃 무렵	74

묵호에서 길을 묻다	76
황조롱이	78
살다보면	80
빗방울 화석	81
이소離巢	82
구두 예찬	84
유월	85
효곡행 두 시 이십 분	86
사려니	88
어떤 비루한 날	89
경칩	90
1981	91
나는 하루살이가 되었어도 좋았다	92

차례

3

구례구역求禮口驛	97
따뜻한 동사	98
각시붓꽃	100
봄똥	102
토렴하듯	104
석류	105
꽃이 핀다, 똥이 튄다	106
꽃손	108
재산세	110
장마	112
사진	114

기본증명서	116
냄새의 서사	118
어머니의 고무신	120
상추꽃이 피었다	121
아버지의 서울	122
천년 시종	124
불면도시의 음모	126
해바라기	128
무료 사주풀이	130
늙고 낡음에 대해	132
느닷없는 안부전화	134

해설 | 송기한 | 간극을 좁히는 '동사'의 부드러운 힘　　135

1

십일월 일일

하동 목도리*를 지나는데
해가 설핏한 시간
배고프고 춥고 괜히 서러워지는
그늘이 한 입씩 산을
베어 무는 그런 시간인데
바다를 만나려 몸집을 불린 강에
재첩을 캐는지 고기를 잡는지
반쯤 물속에 담근 몸을 천천히 움직이는
한 사람이 있는거야
춥겠구나 나처럼 시리겠구나
아까 무위사에서 본 백의관음 하얀
옷자락이 생각나서 울컥 눈물이 나
정병도 버들가지도 상호도 아닌 하얀 옷자락이라니
기가 막힌데 눈물이 나
아직 하동포구를 지나지도 않고
저 사람은 나올 생각이 없는데

*하동군 하동읍 목도리

월남사지

그때 우리는
쇠락하는 것들이 가진
아름다운 상처를 조심스럽게 어루만져 보았다
텅 빈 곳을 가득 채운 개망초와
비장한 소멸의 시간을 톺아보기도 했다
명멸의 순간을 거스르는 것은 애석하게도
존재할 수 없는가 물어보았을 것이다
불확실함은 늘 우리 주위를 맴돌았지만
불확실한 확신을 무기처럼 가진 나이였다

허공을 향해 오르는 끝없는 열망에 대해,
탑과 나무 첨탑이나 인간의 구조물이 가진
욕망과 기원 또는 갈구는 어쩌면 존재하는 것들의
아픈 숙명일 수 있다고 이야기 했다
불꽃처럼 일렁이는 일출산을 광배로 두른
정갈한 삼층석탑 앞에서 세상의 모든 약속을 했다
덧없는 스러짐 앞에서 영원을 이야기 했다
탑이나 나무보다 더 높이 오를 것이라,

허공을 가득 채운 푸르름을 신앙처럼 믿는

그때 우리는 불투명한 아름다움으로 빛나던 나이였다

밥

밥심이 밥의 마음이라 믿었던 때
과외로 차비를 벌던 고등학생은
일주일에 사흘은 수제비 나흘은 국수를 먹고
두 시간을 걸어 언덕 위 무허가 집으로 돌아왔다
허기만 아니라면 어둠 따위는 무서울 것도 없었다

전기밥통에 하얀 쌀밥 가득 채워 둔 과외 집에서
밥통 열고 너그럽고 아름다운 밥 냄새를 맡았다
밥의 마음이 느껴졌다
세상의 고맙고 배부르고 따뜻한
모든 것의 이름은 밥이었다
세상이 가진 단어 중 가장 거룩하고 훌륭했다

  태엽 감아 밥을 줘야 살아나는 오래된 벽시계를 샀다
  허기로 마음조차 가난해지지 않게 밥을 시시때때 챙겨주마
  밥심이 밥을 먹어 생겨나는 활기찬 힘인 것을 알고 나서

밥의 마음으로 태엽을 감고 밥의 힘을 갖고 멈추지 않
길 빌었다
밥 한번 먹자하고 밥의 마음을 배신하는
언제 같이 먹자하고 밥의 힘을 얕잡아 본 당신
이리와요 우리 같이 먹어요
먹고 힘내요

슬다

연고 없는 곳을 찾아드는 용감함을 이야기한다
무모함이라고 우물거려본다
세상 어디라도 살 수 있는걸요

어린 엄마 눈구덩이에 나를 두고 쏟아지는 잠에 진 순간부터
늙은 아버지 젖먹이 끌고 고단한 역마 시작한 순간부터
세상 어느 곳이라도 살 수 있게 되었다
둥둥 떠가는 빈 어미 보며 봇도랑 벽 움켜잡은
잘못 슬어진 우렁이 알처럼
아슬아슬하게 살아갈 수 있게 되었다

구름 맑아지면서 이삭 패면
야물게 살 차오른 우렁이 가끔씩 무모한 외출을 한다
논둑 톺아 돌아오는 날
개미에게 속 내주고 가벼운 껍질만 남긴 우렁이를 들어 본다
세상 귀퉁이 슬어진 나도 너와 같지

어디든 살 수 있고 언제든 갈 수 있어
하지만 빈 껍질이 될 때까지
잡은 풀포기를 놓지 않는 게 원칙이야

겨를

마늘 양파가 돌쟁이 신발만큼 올라왔네요
지금은 섬진강도 한눈 팔면서 게으른 계절
다른 겨울보다 푹하다지만
아침마다 살얼음 낀 물그릇을 닭장에 넣어주기엔
제법 손이 시려운걸요
시골 생활은 그래요
불 지피고 아궁이 앞에 앉으면
연탄 불 피운 부뚜막에 밤새 운동화 말리던 생각이 나요
잘 마른 운동화에서는 빨래비누와 연탄가스 냄새
그리고 보송보송한 이불호청 냄새가 나곤 했어요
여학생들은 흰 운동화가 자존심이었거든요

할매들이 네발 전동차 타고 마을회관 가는 시간이네요
겨울 동안은 모여 온기를 나누는 게 좋아요
아무래도 바람 길이 많은 시골은 춥고 다 외롭거든요
마을이 헐렁해졌어요 이장님이 마이크 잡을 일도 적고
부녀회장이 집집 돌아다닐 일도 많지 않아요
가지 치고 땅 일구고 씨앗 고르는 계절이 오기 전

마을이 땅에서 한 뼘쯤 올라간 것처럼 부산해지기 전
북서풍이 여러 날 불어 마음 시린 날
삭정이 주워 불 때는 고요한 시간이 고맙고
나도 오랜만에 당신 생각 할 겨를이 생겼어요

순희

낮게 짙어진 강줄기 따라 비 온다
겨울이라 해도 고드름 본 적이 언제인가 싶게 포근한데
고향 제주도에서 귤 따고 오더니 몸살을 앓는다고 했다
막 산수화 한 귀퉁이 들추고 쌍계사 계곡으로 들어섰다
이불 짓다 솜 한 줌씩을 던져 놓은 것 같은 풍경이
칠불사 가는 길 쪽으로 열려있다
표고버섯 한 바구니와 백차 한 봉지 들고 온 길이다
길 끝 의신마을까지 이어진 계곡
여울 모퉁이 어디쯤 다리 건너면 목압
마음대로 나무기러기가 이 동네에 어울린다고 생각해
버린다
돌담과 낮은 굴뚝의 연기 잘 마른 장작 냄새
비, 아직은 기척 없는 벚꽃과 끊어질 듯한 풍경소리
살짝 흔들리는 대숲 농한기인데 장화 신고
좁은 돌담길 둥구나무같이 걷는 노인
불일평전 지나 서두르는 일 없이
골 타고 오는 작은 개울 앞
잠시 서 작게 빗금 긋는 빗줄기를 본다

마른 능소화 줄기 울타리 반을 덮고 있는 작은 집
아귀 맞지 않는 대문을 연다
쉰살 앵두나무 우수수 빗물 떨군다
한때 산에 미쳐 산에서 아버지 부음을 들었다는
세계를 다녀보고 나서야 지리산에 살고 싶어졌다는
자궁을 도려내고 노고할미 자궁 안에 들어앉은
순희네 집
순희야 놀자

왕년에

강호 고수들이 모였다는 곳에
조심조심 들어와 보니
응조권 당랑권 취권 사권 영춘권
무림에 존재하는 많고 많은 권법보다
한 수 위
왕년에 라는 권법이 있더라

다섯 모이면 혀 내둘리는 무용담 넷
구석의 무녀리 하나
셋 모이면 이름짜한 인맥 가진 둘과
인맥이라곤 일찌기 취권 한 자락 던져보지 못하고
술 취한 채 세상 뜨신 아버지가 다인
하수 하나

한 때 나도
권법 하나쯤은 터득했으리라 착각했다
제법 눈물 삼키고 적잖이 쓰라림 견뎌내고
새벽 한기에 떠는 인내를 거쳐

달군 모래에 정권 꽂기보다 열 배 정도 힘들게
다지고 연마한 견딤 목마름 또는 절박함 따위로
이만하면 충분히 단련되었으려니 했다
그러나 전설에 의하면
'왕년에'는 박터지게 치열한 생을 선하게 살아내거나
장기 하나쯤 염라대왕에게 반납하고 죽음의 문턱에서
결연히 발길을 돌리거나
끝없는 천인단애 만난 길에서 무릎 꿇고 눈물 흘린 후
분연히 일어서거나
일찌감치 거미줄 같은 인맥 끊고 가볍게 길을 나설 줄
알거나
그것도 아니면 하다못해 금 이쑤시개라도 가지고 있
어야
겨우 비법서를 손에 넣을 수 있다고 했다

아, 택도 없다
이번에야 말로 하수 자리를 박차보리라던
속다짐을 미련없이 버렸다

들꽃

작은 것들은 모이고 겯고
단결한다
외면당하고 짓밟혀도
당당한 한 우주

모이면 힘이 되고 강건해지고
견딜 수 있다
딛고 궐기한다

누군가는 겸허히 무릎 꿇어야 하리
주저앉거나 진정으로 고개 숙인 자에게
은밀한 독대는 허락되리라

엄혹한 계절의 배반에
뜨거운 입김으로 서로를 데워
거룩한 혁명의 깃발을 밀어 올린
개불알풀, 쇠별꽃, 꽃마리, 금창초, 광대나물

혼자서
진정으로 아름다울 수는 없지,
배운 적 없어도 알고 있는
가장 낮은 곳
결가부좌한 용맹정진

빈 집

저녁밥 수레 둘둘둘 묵직하게 복도 울리면
두고 온 빈 마당에 가만한 그늘이 긴 발 들여놓는 시간

바람은 등을 낮추고
대숲 깃드는 멧새떼 향해 개들은 공연히 짖을 터인데
육인실엔 일평상 호맹이 한번 내려놀 일 없이
달구똥 한나만 있어도 대빗자락 갖고 쓸고 함서 자석들 키운
할매들이 남이 해주어서 맛난 저녁을 먹고 가볍다

지금쯤 석류나무 가까이 들어섰을 서향집 낡은 그림자
스멀스멀 먹빛 설움을 풀어놓을텐데
나른한 진정제 기운 속으로
침대 삐걱이는 소리
받침없이 늙어 온 할매들 웃음소리
아련해지면 홰대 올라앉은 수탉
골골 깃털 묻는 따뜻함이 몰랑몰랑 차오른다
집은 어둠으로 비어가겠다

어미

이삿날 튀어 나온 바퀴벌레 한 마리
내려치자 툭, 순식간에 떨어져 나온 알집
그랬구나
3억 년 간 진화를 거부한 이유
원폭 아래서도 죽을 수 없던 이유
이 소름끼치는 처절함이라니

헤어진 날

  눈 내리고 얼어붙은 강가엔 예닐곱 척의 배가 있는데 가까이 있는 배들을 차례로 겅중겅중 건너 마지막 뱃전에 기어코 올라서는 거야 네가 말이야 돌아보니, 이상하게 내가 구경꾼처럼 나를 돌아보니 기를 쓰며 너를 쫓고 있네 한순간 네가 배를 버리고 차가운 강으로 뛰어드네 추울텐데 꿈에서도 네가 추울텐데 하면서 나도 물속으로 가 너는 달아나고 나는 따라가지만 거리는 좁혀지지 않고 간혹 네가 돌아볼 때 그 눈, 깊게 젖어 날 아프게 하던 눈을 보면서 찬 강물 속에서 숨도 잘 쉬면서 눈도 잘 뜨고 수영도 잘 하면서 뜨거운 눈물을 흘려 꿈이잖아 괜찮아 하면서

봄 날

문척교 건너기 전 벚나무 두 그루
접어 둔 채 바랜 이십년 전 지도 위의
대륙같은 낡고 지친 강 언저리
꽃 아래 사람들이 사진을 찍으며 웃는다
그들이 웃어서 꽃이 피었는지도 모를 일이다

느리게 걸으며
꼬~옻 하고 불러본다
피었다 지는 것까지가 꽃의 시간이리라
이름 잃은 꽃은 무엇이 되는 것일까

다리 위엔 바람이 분다 벚꽃이 날리는데
옛 애인 입술처럼 생강꽃 냄새가 난다
사랑한다던 노란 냄새 난다
바람 불어 꽃이 날리는데

너는 정말 꽃일까

새해

말하자면 신상이라는 것이다
사람들은 신상이 있다는 동쪽으로 밤을 새워 몰려갔다

세계 곳곳에서 이상한파를 보도하고
덕분에 남쪽마을에서도 아침마다 개들은 꽝꽝 웅크린 물을 핥아야 했다
따순 곳을 찾아나선 눈송이들은 더러 장렬하게
최후를 마치고 더러는 얼어붙은 강 언저리에 안착했다
낡은 풍경이 주는 지루함을 오래 견디는
사람은 많지 않다

하지만 눈 밝은지 제법 오래된 이들은
더 이상 새로운 것은 없다고 말했다
오랜 경험에 의하면 새로운 것은
모든 이들이 제 안에 숨겨두고 있는 것이라 했다
동쪽에서 이를 부딪치며 떨다 돌아온
사람들은 무병장수 합격기원 만사형통
영원을 책임 질 신상을 영접했으니

어제 그제 작년 일상을 함께 해 준
묵은 해의 낡음도 얼마간은 참아낼 수 있다는 것이다

길 없는 지도

묵호가 아니었는지 모르지
바다는 비린내를 잃고
집어등을 끈 채 오징어를 찾아 나선
배는 돌아오지 않았다
젖은 신발을 끌고 도착한 내 어린 바다
흔들리는 날망 집에 아직도 잘 있는가
가위눌린 어린것들의 저녁 꿈

기침할 때마다 열대의 한낮 같은 붉은 꽃이 점점이 피어난 다다미 위에 아버지 생의 짐을 풀었다 아버지의 부음이 닿지 않는 곳에서 배꽃같이 서늘한 이마 검은 머리카락을 쓸어올리기도 했을 어머니는 육십 몇 년도의 통행금지 사이렌과 망개떡, 신문과 전차삯만큼 객관적 거리에 있었다 아이스케키와 란도셀과 맹꽁이운동화를 찾으러 오빠들은 바다로 나갔다

집어등은 아직 밝힐 때가 아니다 오징어가
돌아오지 않았으므로 바람에는 길이 없어

빈 지도 위에 내 젖은 발자국이
거꾸로 걷고 있다

아린芽鱗*

소금 같은 것일까

태초부터 있던, 아마 그렇게 더께 앉은 그리움의 결정

꽃은 지구가 얼어붙기 전부터 잉태되어 있었고

다만 기다림의 시간을 견딜 방법을 찾아야 했다

단단해져야 했다 밖은 비밀스러웠고

아직 때가 아니었으므로

오래 전 누군가의 뺨을 쓰다듬던 바람이 오늘도 불고

부드러운 빛이 솜털 간지럽혀도 안심은 금물

배신과 위험은 아무튼 가까이 있는 거라고 했다

그런 어느 날

친절한 바람 다정한 햇살 이끄는대로

삐

죽

백만 가지 색 황홀한 봄을 엿보다가

화들짝

아프락사스*에 이르는 길

*나무의 겨울 눈을 싸고 있으면서 나중에 꽃이나 잎이 될 연한 부분을 보호하고 있는 단단한 비늘 조각
*태어나려는 자는 하나의 세계를 깨뜨려야 한다. 새는 신에게로 날아간다. 신의 이름은 아프락사스. -헤르만헤세 『데미안』에서 인용

민들레

언제 어느때
위장에 좋다고
쌉살하니 입맛 돋운다고
설탕 퍼붓고 재워야 한다고
술 부어 익혀야 한다고
뿌리째 뽑힐지 모르는 걸
어지간히 밟혀선 절대 명줄 놓지 않을 자신있어
서넛이 힘 합해 물 찾아 깊이 들어가기도 해
힘없고 흔한 것들이 사는 방법이지

봄 바람 달게 부는 날
내 새끼들 고운 날개 달고
어미 등 움켜 쥔 손 가볍게 놓거라

여기 아닌 곳으로 날아
덜 고단하고 더 기름지고
어여삐 살 수 있는 곳으로
보내려는 바람이지

날아가 안긴 자리는 중요치 않아
약한 것들은 어디서든 견뎌야 하니까
견딜 수 있으면 뭐든 할 수 있거든

얼음의 전설

이번 생은 당신으로 되었습니다만
사랑한다는 뜨거운 말은 끝났습니다만
심장을 덥히던 기억마저 사라진 것은 아니라서요

물텀벙이 해장국이 시원하던 어달리*
야근 후 구겨진 침대에 아무렇게나
몸을 던진 가난한 월급쟁이처럼
나른한 오징어들은 바닷바람에 말라가고 있습니다

방파제는 백 만년 떨어진 곳에서 겨우 도달한 과거를
부질없이 가두려 합니다
파도에게 추억 따위 있을 리 없지만
가뭄같은 가슴을 적시던 날들
당신 이야기를 듣고 싶었습니다

감나무를 흔들던 사나운 북풍
서쪽 벽에 걸어둔 쭉정이 수수알들이
뿌리내리지 못할 곳으로 속수무책 낙하하던 순간

초조한 햇살의 느린 그림자 당신의 낮은 목소리
주름을 잡으며 손부채를 펴던 내 모습 따위

빙하에 갇힌
탐험가의 무릎처럼 오래 된 기억은
얼어 붙은 채 내가 오길 기다렸군요

겨울 끝
숨가쁘게 멈춰버린 얼음 속에서
한때 사랑으로 영원하리라
파리하게 여위던
사람 하나를 보았습니다

*동해시 어달리항

소심한 허세
― 세계지도를 펼쳐놓고, 당신에게

사막이군요
뜨겁고 거친 모래바람 따위
눈 반쯤 내리깔고 고개 숙이고 입은 앙다물고 건너요
산맥의 늑골 가로막아도 걱정말아요
제 강줄기 안고 다니는 산은 구순한 할매같아요
바람 모여드는 골짜기에서 잠깐 멈추어도 좋아요
급할거 없어요 아직 화산은 깨어나지 않았어요

살다보면 낮 열두시 같은 순간 있잖아요
그림자 제 발밑에 엎디어 정수리에 햇살 빛나는
남루 부끄러움 모두 숨고 희망만이
환한 순간 말이예요

용암 흐르기 전 바다를 건너자구요
뗏목도 돛단배도 상관없어요
때로 신발에 들어간 모래 한 알 이기지 못하지만
거꾸로 탁탁 털고
대양을 건너고 대륙을 지나요

오로라나 혹등고래를 보지 못했다고 상심해선 안돼요
보이지 않는다고 행운이 사라진 건 아니거든요
찬란한 빛이 지나기 전, 다시 결핍과 누추한 소심이
링거줄에 찔러넣는 진통제처럼 빠르고 차갑게
온몸으로 퍼지기 전
아마 시간은 충분할 거예요

세상은 겨우 지도 한 장인걸요

나마스테

창 가득 들어와 아직 잠 깨지 않은
지리산 연봉의 정수리 쓰다듬으며
어머니는 기도를 시작한다
품고 먹이고 빨리고 이제야
텅 빈 몸으로 마른 낙엽 소리를 내며
손을 모은다
아름다운 날은 오로지 오늘,
어리고 뜨거운 것들은
오늘 행복해야지

불편한 다리 따위 버린 지 오래
자유로운 영혼의 날개를 달고
아들은 오도재를 넘고
뉴욕도 안나푸르나도 가고 커피도 끓인다
하늘을 나는 비천상처럼
이제 구름을 타고 공후를 연주할지도 모를 일
동네 절 실상사 사천왕과 호형호제하면서
아들의 아들에게, 아들의 어머니가 했던 것처럼

품고 안고 먹이고 눈물 흘린다

돌벅수 퉁방울 눈 부릅뜨고
바라보는 함양 어디쯤 부처를 닮은 모자가 산다
당신 안의 신께 경배를, 나마스테

하필

붉은 지도*를 떠나 좌표 밖
지도地圖 위에서 떠돌다 돌아온 그를 만난 날

개펄 대신 그의 입에서 유채꽃 냄새가 났다 가끔은 노란 색이 후두둑 떨어지기도 했다 히말라야에는 유채꽃이 어울리지 않아 지난 겨울 시린 발을 잊게 하거든, 그가 지난 겨울 언 발을 카트만두 어디쯤 놓고 온 사람처럼 신발을 보며 이야기했고 동상으로 말갛게 속이 비치던 어린 시절 발가락을 나는 생각했다

알고 있었지 사랑했던 걸, 그가 물었다 인간이니 그리움을 갖고 사는거야 막걸리 사발에서 뚝뚝 빗물이 떨어졌다 장마가 시작되었는데 우산이 없어 라고 내가 말했다 난 늘 우산이 없었거든 히말라야에 장마가 오면 지구 어디쯤 바오밥나무 머리들만 나란히 서있게 될까 차가운 만년설에 잠긴 아랫도리를 잊고 어디로든 떠날 수 있을거라고 저희들끼리 떠들게 될지도 모르지

떠날거야, 빗속으로 나서며 그가 말했고 아직 찾지 못한 것이 무엇인지 묻지 못했다 장마가 시작되었고 설산 아래까지 바래다 줄 우산이 없었으므로, 보고 싶었고 보고 싶을거야 라고 빗줄기를 입에 넣으며 그가 물소리를 내었다

장마가 시작되었다
우체국 앞 사거리에서 그를 보내는 날

*전남 신안군 해제면 지도읍

늙은 시인

붉고 뜨거운 피는 말라버렸다 말하지만
잃어버린 것들에 절망하지 않는 방법과
지치지 않고 아름답게
결승선을 넘는 지혜를 알고 있다

살아낸다는 것은 생각보다 간단치 않았다
생의 어느 시점 잠깐 가슴이 뛰기도 했지만
시간들은 스스로 지나갔다
무우전 고매古梅*는
만개보다 아름다운 첫 꽃의 날짜를 알고 있다

할 말이 없진 않지만
아무 말도 할 수 없는 순간이 있는 것
늙고 주름진 심장을 간질이며
아직은 차가운 봄 담장을 처음 넘은 시詩
붉게 차오르는 오래된 향기

*선암사에 있는 전각. 7백년 된 조선매화 향으로 유명하다.

양파

오래 전 길을 나섰다
내 그리움은, 네가 묻기 전
이미 네게로 가 오지 않았다
고운 주름을 새긴 채 말라가고 싶었지만
짧은 치마는 더 이상 어울리지 않았다

젊은 이별은 아름다웠다
너를 만나지 않고는
통과할 수 없는 시간이었으리
슬픔으로 한 겹
절망으로 한 겹
다시 사랑하기까지
겹겹이 찬바람을 품어야 했다

돌아오지 않아도 좋다
돌려주지 않아도 좋다
네 가장 깊은 곳에서 상처를 견뎌내는
굳은살이 되어 있을
내 마음

정류장에서

버스는 생각보다 늦게 왔다

버스를 기다리는 네가 잠시 망연한 얼굴로 오른쪽을 보다가 이내 고개를 떨구고 톡, 톡 발끝을 두드리는 것을 보았다 오른쪽에서 온 버스는 너를 태우고 왼쪽으로 갔다

맞은 편 길에 서 있는 사람이 누군지 알면서
혼자 어두워지는 저녁은 얼마나 외로운지

그림자를 덮으며 뻑뻑한 어둠이 놓여지는데 버스를 타고 떠난 너의 발끝이 남아 메꾸어지지 않은 허공을 톡, 톡 두드린다

몇 번이나 나를 태우는데 실패한 버스는 왼쪽에서 왔다
오른쪽으로 가리라, 네 그림자를 남기고 간 왼쪽은 이미 충분히 외로울테니

2

옥수수

장흥댁 아주머니 칠십 평생 처음이라던 여름
가뭄 끝 저수지 물도 마르고 손바닥만한
밭뙈기 타들어가도 기세좋게 키를 키우더니
겨우 피운 풍로초 한 송이 폭염에
주저앉아도 겨드랑이 줄줄이 꽃이삭을 달더니
어렵사리 염천의 땅을 뚫고 나온 배추싹
녹아 문드러져도 저 혼자 모양나게 수염을 기르더니
알알이 단맛을 살뜰히 가두었겠거니
모양새만큼 속도 묵직하게 채웠으려니
거들먹거리는 옷자락이 제법이었는데

감쪽같이 속았다
뻔뻔한 허세였다
이런 쭉정이라니

뉴스를 보다가 당신의 안부를 묻다

부르키나파소라는 나라가 뉴스에 나왔어요
스리랑카는 어디쯤일까 지도를 펼쳤어요
난 가보고 싶은 조지아왕국이 어딘지도 모르거든요
와가두구를 수도로 하는 부르키나파소는 아프리카 서쪽
바다를 볼 수 없는 내륙나라네요
그 먼 곳, 먼 곳이라고는 하지만 실감이 나질 않아요
그 곳에서 한국여성이 억류되었다가 구출되었다죠
폭탄테러로 많은 사람이 죽었다는 스리랑카는 심지어
지도에서는 거리가 느껴지지 않을 정도네요
어떤 운명의 날이 다른 이에겐 일상이기도 하죠
일어나지 않았으면 몰랐을 일이죠
까맣게 모르고도 살아요

곁에 있을 때 당신 안에 이는
물결 고통 화염의 깊이를 모르고도
사랑했던 것처럼요
사랑하니 모든 걸 다 아는 줄 알았거든요
다 아니 사랑하는 줄 알았거든요

당신이 가고 구겨진 마음 펴 보니
부르키나파소보다 더 낯선 당신이 있어요
사랑처럼 불확실한 확신이 또 있을까요
한 뼘보다 더 가까운 거리에 있던
우주보다 더 먼 거리에 있던
다른 일상을 운명의 날로 만들어 주던
사랑하지 않았으면 까맣게 몰랐을
겨울 강처럼 낡은 지도 어디에도 없는
당신은 어디 있나요

후숙

칸막이 높은 경양식 집에서
비지스 들으며 멕시칸사라다 먹을 땐
인간으로 익는데 이렇게 오래 걸릴 줄 몰랐지
시간이 가면 저절로 익어지는 줄 알았다니까

저문 호박밭에서 뱀 잡아 아픈 오빠에게 고아주던
엄마 나이를 한참이나 지나고도
세상의 날들이 버겁고
허리 세우고 멀리 눈을 두어야
단단히 설 수 있다는 것도 모르거든

뜨거운 고향 잊은 채 먼 길에 거죽만 익어
풋 맛이기도 안타까운 향이기도 한
열대과일처럼 말이야

탯줄로부터 너무 일찍 떨어진 것들은
시간의 눈물과 견딤의 날들을
유전자에 꼼꼼하게 새겨두는 법이거든

상처가 아름다운 옹이가 되는 것처럼
달콤한 향기로 거듭나려는거지

그래서 말인데,
나 아직 익는 중인 것 같아
가끔씩 불뚝심지가 일어나고
심장 들쑤시는 쓰라림이 있고
견뎌야 할 것들이 제법 남아 있는 걸 보면

납월매*

눈은 아직 녹지 않고
대문 밖에선 바람이 역류하는 중이죠
도리천을 울리는 서른세 번의 종소리
등 밝힌 고샅을 낮게 톺아가기 시작하면
오지 않을 편지를 핑계로 골목 끝을 걸어봅니다
벌써 몇 번이나 언 발로 대문을 나서기도 했어요
새도록 시린 걸음은 엄동의 꼬리를 따라 여태도 제자리인데
낮고 헐은 돌담 너머 사무치도록 그립고 가는 향기
이녁,
어느새 거기 오셨군요

*12월 섣달은 납월臘月이라 하며 순천 금둔사지에는 납월에 피는 매화가 있다.

비오는 날

덜 큰 구절초 꺾일까 마당에 나서니
쏴-아 쏴-아-악
들이치는 비 피해 마루문 닫으니
수악 쏴-아 쏴-아
빗소리 들으니 급해져 화장실 앉으니
투두두둑 투둑 투두두둑
들뜬 기와 걱정에 천정 올려다보니
서까래 틈으로 뚜-욱 뚝
얼른 바가지 받치니 톡 토독 톡

나의 '첫'들에게

  이웅평 미그기 몰고 귀순하던 날 대전역 시계탑 앞에서 만나 비둘기* 멈추는 곳에서 네게 순정과 열정을 다하겠노라고 네 숨길 닿는 곳이 내가 있는 곳이라고 첫사랑과 손가락을 걸었다

  시가 처음 온 날, 내일 모레쯤 백악기로 돌아가 대륙이 얼어붙고 시라는 것은 존재하지 않는 날이 되어 2억년쯤 후 낭도나 하조도 어디쯤 화석층에서 오골계의 발자국과 같이 시어 하나 발견된다 해도 지금 초심과 진정을 다하겠노라고, 잠 못드는 새벽 언어를 닦아 맑은 시 기르며 배신하지 않겠노라고 숭고하고 성스러운 약속을 했다

  내게로 왔던 '첫'들이여 미안하다
  비둘기가 멈추기도 전 표를 잃은
  환하게 꽂히는 시어 하나 붙잡지 못한
  날 용서해라
  내게 순결을 바친
  거짓 맹세를 눈감아 준

배신과 무지를 견뎌 준
알면서도 속아준 내 모든 '첫'들아

'첫'을 잊은 것은 세상 잘못이 아니라
그 순결과 맹세를 믿지 못한 내 무지였고
첫 약속을 지키지 못한 것은 오만함이었다

출구 찾아 긴 시간 돌고 돌아오니
결국 끝은 모든 '첫'과 같은 자리에 있어
다시 시작하라 속삭이고 있다

기다려라 내 모든 '첫'들아
그때의 푸른 첫마음 잊지 않았다

*비둘기호 완행열차

욕

칭찬은 들어야 제 맛
욕은 먹어야 제 맛

이른 봄 민들레 여린 순 쌉쌀한 무침이나
한여름 슴슴한 된장 올린 상추 쑥갓 쌈
하늘 파란 날 현기증처럼 노란 호박죽
쩡쩡 얼어붙는 별빛 소리 들으며 후루룩 동치미국수
이 중 압권은 먹을수록 오래 살게 해준다는
신비한 주문이 걸린 욕 한사발

나온 곳은 같은데
칭찬은 귀로 돌아가고
욕은 입으로 들어온다니
가난한 어머니 그래서 어린 내게
푸지게 주셨나

영문모를 억울한 욕 한마디
피가 되고 살이 될지니

모르겠다,
오늘
눈 질끈감고
꿀꺽

우화루 雨花樓

물 한 병 없이
빈 손으로 나선 걸
후회하게 될 즈음
토렴하듯 조금씩 앞자락 내주는
화암사 가는 길

가두었던 거친 숨 토해내고 나니
그 자리에서 나고 자라
순하게 곰삭은 꽃비
봉도 용도 아닌 雨花라니,
어린 애인의 귓불처럼 간지럽고 따뜻하다

부처를 보러 온 길이 아니다
원하는대로 얻어지는 것이 아님은
젖을 떼기도 전에 알아버렸으니

합장 삼배도 생략
비늘 꼬리 다 버리고

오래전 바다를 떠나
부처가 된 늙은 목어에게
꽃비 내리니 극락인가*
화두 하나 건네는데
아, 봄비

*완주 화암사에는 우화루와 극락전이 마주보고 있다.

질경이, 그리움에 닿기

장마가 끝나고 태풍이 두어 차례 지나갔어요
늦은 질경이 꽃도 빼곡하네요
산 깊은 그늘마다 송화가루 몰려다니고 감꽃이 피었어요
그리움은 때로 무장무장 번지는 질경이 같아요

이태 전 사려니 가는 버스에서 만난 노인은 가는 비 온 통 산허리 감은 먼 곳을 보며 높낮이 없는 말투로 이야기 했어요 딱히 누가 듣길 바라지는 않는 것 같았지만 모두 그 노인의 들릴락말락하는 목소리를 들었을 거예요 죽은 사람이 보고 싶으면 말이지 질경이 씨앗을 모아 기름을 내, 그 기름으로 무친 나물을 보고싶은 사람 젯상에 올리면 그 사람이 와 그러면 보고싶은 사람을 볼 수 있어

그리움이 내밀하게 쌓이고 쌓이면 저리 될까싶은 말하자면 아주 오래 된 유품같은, 내겐 기억이 없지만 누군가에겐 소중했을 것같아 간직하고 있던 그런 깊고도 낡은 무엇 같은 눈빛이었어요 침을 묻혀야 겨우 몇 알 집어볼 수 있는 질경이 씨앗으로 기름을 내는 간절함이면 그 어

떤 진언보다 진실하고 빠르게 그리움에 닿을 수 있을테죠

  절실함과 바람이 이삭 꽃 차례로 피어
  저승과 이승을 연결하는
  아무리 밟혀도 죽을 수도 시들 수도 없는
  질경이 꽃이 올해 사무치게 피었어요

시를 쓰는 일

가령 타클라마칸 사막* 낙타의 숙명 같은 것
끝없는 갈증과 싸우면서 걸어야 하는 일
모래바람 맞고 녹일 듯 뜨거운 태양을 견디는 일
움켜쥐어도 손바닥에 남지 않는 모래처럼 아득한 일

들어가면 나올 수 없는 곳에서 출구를 찾아 헤매는 일
발자국도 남지 않는 끝없는 오르막 내리막을 건너는 일
한 치 앞을 분간할 수 없어 방향을 가늠하지 못하는 일
길이 없어, 어느 곳에도 길을 발견할 수 없어
먼저 간 이가 남긴 해골로 지표를 삼아야 하는 일

그럼에도 불구하고
평생 거처 없이 살아가다
모래와 추위 바람을 이겨낸 뒤
드디어 사막에서 실낱같은 길을 찾아내는 일
언젠가 이 길을 찾아 나서는 이에게 작은 이정표가 되어 주는 일
 기어이 무릎을 꿇고서야 등짐을 내릴 수 있는 겸허한 일

내겐 그런 일

*톈샨 산맥과 쿤룬 산맥 사이 타림분지 안에 있는 타클라마칸 사막은 현장 스님이 664년 인도에 갔다 돌아올 때 건넜다고 한다.

길 861*

천천히 생각하면 문득 닿아지는 것들이 있다
복수 차 오른 아버지 가쁜 숨
물 빠진 바닷가 와다닥 터지던 도루묵 알
물지게 찰랑이며 무릎 적시던 판자촌 루핑 지붕
오빠들이 외치던 '아이스께끼'
황톳물 가득 일렁이던 청계천
딸랑이는 전차 타고 가던 하굣길
디디티* 하얗게 뒤집어쓰고 해맑던 운동장
헌 신발 신고도 하늘 높이 뛰던 어린 계집아이

천천히 닿아야 만져지는 것들이 있다
지린내 오징어 냄새 가득하던 비둘기호
가난한 여행길 한번도 놓지 않았던 너의 손
고갈비 한 접시로 밤을 새우고 새벽 강에 섰던 친구들
슬픈 뒷모습으로 늘 목마르게 하던 어린 애인
널 두고 가는 게 아프다던 그

천천히 고요하게 스며드는 길이 있다

지금쯤 산 그늘 가늘게 드리웠을

찬 북서풍 말없이 안아주는 대숲

서두르지 않고 바다 만나러 가는

사무치는 여울 바라보는 모래톱을 품은

세상 가장 나직하고 평화로운 풍경이라는 단어를

내가 본 어떤 곳보다 많이 가진

집으로 가는 길

---

*861번 지방도
*이가 옮기는 티푸스나 모기가 옮기는 말라리아를 퇴치하는 데 매우 효과적이었기 때문에 1940년대부터 살충제로 널리 사용되었다. 1955년 국제건강기구(WHO)는 전 세계적인 말라리아 추방 계획을 세워 DDT를 적극 사용하지만 1962년에 『침묵의 봄(Silent Spring)』이 출판되면서 유해성에 대한 인식이 널리 퍼졌다. 결국 1970년대에 들어와서는 대부분의 국가에서 DDT를 농약으로 사용하는 것이 금지되었다. —출처:네이버

벚꽃 무렵

꽃 피느라
비 온다

십년을 한참 넘겨 누워있는
영감을 태우고 꽃무늬 바지 끌어올리며
으찌까, 으찌야쓰까 허둥지둥 내뱉고
앰뷸런스에 오른 앞집 할매가
집 쪼깐 봐줘야 쓰겄네
잠 덜깬 대문을 두들겼다
입춘이 하루 지난 날 새벽이었다

벚꽃 피느라 봄비가 잦다
가는 빗줄기 속 할매가 왔다
서울서 두 달여인데
꽃무늬 바지는 여전했다
짐 내린 할매가 좀 여윈 얼굴로
웃는다

벚꽃보며 웃는다
참말로 오지네

묵호에서 길을 묻다

길은 여기서 끝났다

사는 동안 어디까지 가 볼 수 있을까,
얼마나 먼 곳까지
갔다
돌아올 수 있을까

묵호는
국수 살 돈을 잃어버린 어느 겨울 같은
저녁을 굶어야 하는 아득함과 두려움
도저히 어찌 해볼 수 없는 망연함
목젖이 미어지게 올라오는 서러움과 슬픔

아버지는 어디까지 가고 싶었던 것일까
막다른 비린 벽에 여윈 등을 기댄 채
먼 고향으로 젖은 고개를 돌렸을까

이곳에서 그의 길은 지워졌다

익어가는 청어젓 붉은 살과 연탄불에 구운

양미리를 기억하는 비린 바람

어린 유리遊離가 시작된 여기부터

나는 어디까지 갈 수 있을까

황조롱이

들판은 여전히 조용하다
아무 일도 일어나지 않을 것처럼
사실 세상은 늘 아무 일도 일어나지 않을 것처럼 보인다

오랜 시간 정지비행이 필요하다
방향타가 되어주는 꼬리깃은 제 역할을 놓치지 않아야 한다
풀이 눕는 쪽으로 부는 바람이 날개 사이 길을 찾아내면
허공에서 화석의 시간을 견딜 수도 있다
머리 위 음모를 알지 못하는 들쥐와 조우하기 전까지
날지 않는 날갯짓은 계속될 것이다

오래 전에는 허기와 외로움을 판독해내야만 했다
오죽잖은 객기로 추락을 면할 수 없었던 젊은 날들의
비행은 적막을 견디는 인내를 대가로 주었을 뿐이다

기다려야 한다
목표를 확인할 때까지 눈을 떼서는 안된다

비루한 생의 끝에 다다르기 전 한치도 망설이지 않고
수직강하로 내리꽂히는 날
여전히 고요한 들판 한 귀퉁이
성찬은 마련될 것이다

살다보면

멀쩡하게 대문 앞에서 소낙비 맞는 날도 있어
애인과 헤어지고 돌아온 날 전세금이 오른 적도 있거든

고래도 익사할 수 있는 일이지
해령海嶺 너머 가득한 크릴새우를 두고
범고래의 포위망을 뚫으면서
2분마다 가쁜 숨을 내쉬어야 하는 새끼 고래의 유영이 만만한 것일까

그러니 시詩가 대책없이 달아나는 날도 있지
허공 가득한 글자들 멀찍이 두고
단어 하나 문장 한 줄 건져내지 못해
숨 막히는 막막한 심정인데
그 와중 찬란한 언어 춤추는 시집 배달이라니

빗방울 화석*

억만년 전 그리움의 **뼈대** 위에
기다림으로 살 채워 당신을 새겼습니다

오늘 같은 날
바람보다 더 먼저 달려오는
빗소리는 당신도 같은 그리움을 앓고 있다는
진언이겠지요

이것이 그 증거입니다
당신과 나는 같은 환부를 앓고 있었습니다
공룡이 아침 잠을 깨기도 전부터
같은 통증으로 새벽을 맞았다는 것입니다

*경북 언양 대곡리 등에서 많이 발견된 화석. 점토질의 퇴적물 위에 소나기처럼 단시간에 내리는 빗방울에 의해 자국이 생기고 그 위로 퇴적물이 쌓이고 세월이 가면서 생긴 것

이소離巢

돌아오지 않으려 떠난 적이 있었다
이곳만 아니면 견딜 수 있으리라 생각했다

벌레를 물어오고 풍선껌 같은 배설물을 내가던
어미 새는 떠나는 건 안방 서랍에 열쇠를 넣어둔 채
문 잠그고 가는 먼 여행과 같다고 설명했다
새끼들은 눈 뜨기 전부터 먼 곳의 바람 냄새를 알아버렸다

하늘 사납던 날 하필, 첫 날갯짓이 시작되었다
요동치는 나뭇가지 사이
불안하고도 달콤한 유혹은 치명적이었다
모든 떠나는 것들은 돌아오지 않기 위해 길을 나서지
더 강해지고 덜 외로울 것이야
삶은 늘 익숙해지는 과정일 뿐이지

나도 그런 적이 있었다
열쇠를 강에 던지고 떠났지만

무릎 꿇고 멈춘 곳에서 결국 보았다
거꾸로 부는 바람 따위는
강이 가는 길을 결코 바꿀수 없었다

구두 예찬

인도네시아로 돌아갈 수 없는 도마뱀 세 마리와
엉덩이가 도려진 채 울지 못하는 말과
성인식을 치르지 못한 송아지
브라보!
대지에서 태어난 인간의 길을 가장
비밀스레 알고 있는 연결어미

섬진강변의 조약돌과 거전리 골진 갯벌과
목상동의 첫눈과 장군봉의 능선길에서
태동의 발길질을 기억하지 못하는 인간
그 가장 낮은 곳 성스런 포복
생애 마지막 길을 인도할
고귀한 가죽들에게 경건한 건배

유월

앞산 밤꽃 듬성듬성 마른 버즘 같은 시절
봇도랑 우렁이 붉은 알 소복소복 슬어놓는 시절
일월장생도 펼쳐진 어린 논에 왜가리 한 마리
외발 서기로 끝내 외로움 견디는 시절
곤줄박이 발목만큼 감또개 바람 안고 쌓이는 시절
무논 개구리 달빛 뚫고 골목길 따라 길게 우는 시절

봉남할매네 매실 어둠 한 가닥 가늘게 찢으며 허공 가르는
아까시꽃 지고 진득한 그리움 간신히 달래며 긴 숨 쉬어보는
논 가득한 개구리밥 한 술 떠 정갈한 초록 혀를 갖고 싶은
미역국에 찬밥 말아도 먹을 만해서 다행이다 싶은

효곡행 두 시 이십 분

읍내 장약국 앞에서
꼬부랑 할매 그보다 덜 꼬부랑 할매
이번 선거에 아들이 후보로 나섰다는 멋쟁이 할매
그렇게 느릿느릿 타고 출발
낮게 흐르는 강 건너 첫 마을 문척 아까 꼬부랑 할매보다
호미만큼 더 꼬부라진 할매가 지팡이를 먼저 태우고
느리게 올라섰다

할매가 버스 두 번째 계단을 올라설 때 운전석 앞으로 나비 한 마리 날았는데 그건 마치 슬로우 모션 영화에 끼어 든 모던타임즈*의 한 장면 같았다 할매가 다 타기 전 기사가 졸지나 않을까 걱정이 되기도 했다 월평마을에서는 멀리 팽나무부터 다가오는 빨간색 모자를 기다렸다 새마을모자가 버스 타려한다는 걸 어찌 알았을까 궁금했지만 다 아는 척했다 화정마을 감나무 밭을 지나는데 감꽃이 투두둑 떨어지는 게 보이는 것 같았다 기사가 내릴 곳을 모르는 사람은 나 하나여서 대평마을이라고 미리 고백을 해두었다 주름을 잡으며 일제히 돌아보던

할매들은 이내 깨복쟁이 시절을 본 적 없는 외지것임을 알아채고는 나만 모르는 당신들만의 암호를 주고받았다

  한낮 효곡행 버스는 반은 졸아 놓치고 마는 흑백 무성영화 어제 내일 그리고 앞으로 일어날 일 따위 잊고 까무룩하는 평온한 낮잠

  할매들은 잠깐 졸린 눈을 떴다 나는 외지것답게 교통카드를 대고 삑, 감사합니다 기계음을 뒤로하고 대평마을에서 내렸다
  효곡까지는 앞으로 십여 분

*1936년 찰리채플린의 흑백영화

사려니*

꽃이 피는 일은 아무래도 신의 소관이다
마르고 낡은 가지에서 이토록 황홀한
풋낯을 내미는 것이 이미
인간의 일은 아닐지니

마른 내에선 지난 여름
난폭하던 물 냄새가 남아있지만
신의 궁전에서 섣불리 나대지 않기
난달 같은 마음 차곡차곡 개켜두고

기도하는 걸음을 옮길 일이다
눈 감고 입 닫고
잠시 아랫배까지 숨을 끌어당겨
신이 주신 세상 첫 향기를 맡을 일이다

사려니에선 정녕
정화수 같은 눈물
한 방울 맑게 떨굴 일이다

*제주 사려니 숲. 사려니는 '신성한 곳' 또는 '신령스러운 곳'이라는 신역神域의 산명에 쓰이는 말.

어떤 비루한 날

몸무게 만큼 돌을 매달아 수장水葬 할 일이다
다시는 뜨지 않게 잡도리 할 일이다
어느 봄 벚꽃이 지분거리며 제 몸을 주어도
안개가 옷자락을 벌리며 달려들어도
수음처럼 분하고 부끄러운 허무가 와도

아무렇지 않게 바람은 불어
송홧가루 물무늬를 만들고
눈물은 끼워둔 채 잊은 책갈피의 지폐처럼 낡아도
베어지지 않은 나무는 스스로 푸르리니
기억되지 않도록 떠오르지 않도록
단단히 가라앉힐 일이다

경칩

마당 내달리며 바람 밤새 지랄이더니
닭들 언 물통을 하릴없이 쪼고 있다
꽃을 보겠다고 묘목시장 다녀온 일을
잠깐 성급했다고 후회한다
찬바람에 웅숭그리며 대문을 여니
일찍 고샅을 나섰는지 장흥댁 아주머니
돌담에 기대 애잔한 얼굴이다
포도시 나왔을거인디…
눈길 거두지 않은 곳으로 신발 끌어본다
담 넘은 가지 끝 풀죽은 매화 몇 송이

1981

봉지쌀을 쏟아 죽도록 혼난 날
네 소식을 받았다
자꾸만 연탄재에 섞인 쌀의 암담함이 떠올랐다
돈을 빌리러 간 엄마와
공장에서 돌아올 오빠들 생각에 목이 메었다
깨진 무릎보다 호박밭을 타고 오르는 저녁이
더 빨갛게 아팠다

물총새가 그려진 너의 봉함엽서를 바라보다
눈물이 떨어졌다
물총새 파란 등이 젖고
봉해진 엽서 안에서 너의 안타까움이
스멀스멀 번져 올랐다

보고싶다가 배고프다에 지워지고
사랑해가 절박함에 뭉개졌다
밖은 벌써 어두워지고 있었다

나는 하루살이가 되었어도 좋았다

매일매일 뜨겁게 사랑했어야 했다
내일은 없는 것
언어는 단지 허망한 기호일 뿐*
당신을 사랑하는 일에 심장을 담보했어야 했다
삼억 삼천년 전에도 사랑했고
삼억 삼천년 후에도 여전히 사랑하는 일에
생애를 거는 하루살이가 난 되었어야 했다
억수같은 빗줄기 속에서
오늘을 살아내려 고군분투하는 저들에게
내일이란 헛되고 무가치한 약속
정말 나는 하루살이가 되었어도 좋았다
영원을 믿지 말고 내일을 기약하지 말고
죽을 힘을 다해 당신을 사랑했어야 했다
온 생을 내어 푸르고 푸르르다
후루룩 한 순간 타버리는 겨울 낙엽이나
수정 후 모가지를 꺾으며 스스로 떨어지는 동백은
얼마나 군더더기없이 제 시간을 살아낸 생인가

내일 더 사랑 할 자신 있어 멈칫거린 망설임은 아니었지만

아무래도 하루살이의 온 생으로 당신을 사랑했어야 했다

*삼억삼천년 전에 나타난 하루살이는 짧은 시간 수정란을 낳아야 해서 입이 퇴화되어 버렸다고 한다.

3

구례구역求禮口驛*

입은 순천에다 두고
섬진강엘랑 긴 허리 걸쳐두었다

저녁 밥 연기 오를 때
윤슬같이 빛나는 은어의 배 뒤집기 기술
시작과 끝을 아무도 모른다는
왕우렁의 배밀이에 대한 오래된 전설
시암재에 눈 내린 4월을 만날 수 있는 확률
읍내 동아식당 돼지족탕보다 구수한 이야기
화엄사 홍매 장하게 피는 때
눈물없이 들을 수 없다는 냉천골 할매 인생사

구례 시시콜콜 살림사 모조리 꿰고 있는 입은
어디로든 가고 어디서든 오는 사람들에게만
순천인 척, 천연덕스럽게 비밀을 토설한다는 것이다
긴 허리 단단하게 매만지고
강 건너 업어 나른 후에는 입가 싹 훔치고 다시

*구례로 들어오는 관문이지만 행정구역은 순천시이다

따뜻한 동사

날이 풀렸어요
강변 책방 주인이 웃는다

열흘 남짓 미처 비우지 못한 독 두 개가 깨지고
꺼내지 못한 계란 세 개가 터졌다
풀리다 라는 동사는
얼마나 보드랍고 폭신한 단어인가
가장자리 얼음을 녹여 강은 옥빛으로 흐른다

뽑지 않은 배추 웅크린 결구 풀고 해를 받는 오늘
녹신녹신하고 따뜻한 낱말들을 설레며 세어보았다
흐르다 녹다 날다 살다 보듬다 쓰다듬다 웃다 사랑하다,
살살 간지러운 듯 말랑말랑한 동사
오해했던 친구에게, 되우 어지러운 일머리에
꼬였던 뜨개실에 그리고 층층 엉긴 세상사에
마스크에 덮인 채 멀어진 관계에
간절하고 절박했던 단어

천구백 칠십 사년 민음사에서 나온 이상평설 한 권을 찾아들고
　　책먼지 냄새 가득한 계단을 나오며
　　정말 많이 풀렸어요
　　노글노글하고 물렁해진
　　내가 말했다

각시붓꽃

혹시 기억나는지 모르겠어요
엄마 손 타서 반질한 마당에
여름 한낮 소나기 쏟아질 때
공기놀이 하다 앉은 채 쏟아지는 장대비를 보면
하늘에서 하얀 막대기들이 내리꽂히는 것처럼 보이잖아요
아침 고사리 밭에 들어서면 딱 그래요
장대비가 내리꽂히는 것처럼 하얀 분을 칠한
고사리들이 빼곡하게 햇살을 받으며 서 있어요
막 가슴이 두근거리기도 해요

그런 시간 잠깐 각시붓꽃이 피어요
고사리 칡넝쿨 산딸기 가시 지난 낙엽 사이로
아주 잠깐 깨끗한 얼굴로 수줍게 아침 햇살을 받아요
잘 보이지 않지만 선명하게 자신을 드러낼 줄 알죠
가만한 눈빛과 낮은 목소리만으로
소용돌이치는 순간들을 버티게 해 준 당신처럼 말이죠
휘청이는 생을 어딘가에 기대지 않고서는

견딜 수 없는 날들이기도 했어요
봄날 저녁처럼 서글픈 날들이었지요

살이 통통한 첫 고사리를 삶고 말려 당신께 보내요
어느 날 저문 강물 빛처럼 서러운 남보라색이
그리움처럼 저녁 밥상에 번질 때면
당신에게 깊게 물들었던 작은 마음 하나 떠올려 주세요

봄똥

응급실 두 군데를 돌고
통증이 멈추었다
밤새 배를 틀어쥐던 고통이
똥을 못 누어 생긴 일이라니
남들 못하는 것은 그러려니
일도 아닌 것이 나만 어려운가
한심스러워 오일장에 나섰다
어지러운 장터를 공연히 바장거리다
골판지 비뚤 잘라 그보다 더 비뚤한 크레용 글씨
'봄똥 삼천원'을 보았다
이른 봄 겉옷을 풀어헤치고
결구를 풀고 앉아 부드러운 흙내를 품는
모양새가 똥과 다를 바 없지만
봄동을 알 리 없이
할머니가 불러주는대로 적었을
'봄똥'에 오래 말랐던 군침이 돌았다
삼천원이나 주고 봄에 눈 똥을 사먹는
어른을 의심했을 아이의 비뚤한 봄똥을 먹고

오늘은

봄처럼,

따뜻하고 부드럽고 비뚤한 똥을 누어 볼 작정이다

토렴하듯

양천교 건너 빈 들이 늘면서
구절초 지고 청하쑥부쟁이 시들고
북서풍 한차례 불면 늙은 귀례씨 감을 따고
곶감 붉은 빛 노을 대신 서쪽 처마 물들이는데
오늘 아침 드디어 뒷집 노거수 묵은 속내를 드러내고
갑자기 들켜버린 까치집은 바람 단속에 분주하건만
나주국밥처럼 더운 국물이 들어왔다 나갔다
딸려나가는 밥풀, 다시 고깃점 부연 김 속에
부어지듯 들판에서 나무에서 땅에서 따순 것들을
거두면서 찬 서리가 내리면서 그렇게
희붐한 입김 사이로
겨울

석류

큰마당 어르신
이층집 노인회장
감나무집 할배
끝집 할매

일찌감치
아들 대학 보내고 하나
딸 시집 보내고 하나
손주 용돈 주고 하나
빠진
어금니 앞니 사랑니
허투루 떨구지 않고
옹골진 사랑 익히더니

구름 맑은 날
마당 가득 자식들 모인
추석
속 열어 알알이 보석 낸다
옛다, 내 새끼들

꽃이 핀다, 똥이 튄다

구십여 년 발 묻고 버틴 낡은 집 헐어
군불 지필 나무를 모았다
남루한 살림 속에서 나온
양동이에 송판 두 개 걸친 간이화장실
거동 불편한 늙은 어매 쪼그려 앉지 않도록
가난한 아들 궁리 끝에 만들었으리라
송판 뜯어 불을 지핀다
어매 똥에서 너울너울 꽃이 피어난다
세 칸 집에 아홉 형제 길러냈다는 어매
자식들 벌이 변변치 못해도 모두 효자여서
그래도 사는 것이 폭폭하진 않았더라는 어매
일생 밭 일구고 무릎 닳아 변소 가는 일이 녹록치 않았을
어매 똥이 꽃으로 피어 아궁이 안에서 훨훨 난다
무릎 펴고 허리 펴고 가볍게 꽃으로 날아 오른다
쥐코밥상이나마 자식들 입에 넣느라 애 닳은 까만 속내
이제야 꽃이 된다
꽃 가벼이 오르며 타다다닥 탁 투닥 똥이 춤을 춘다
한번도 보지 못한 어매, 똥이 황홀하다

꽃이 핀다 똥이 튄다
참 따뜻하다

꽃손

  그의 아내가 되고 싶었다
  바람불고 비오는 날 아무렇게나 젖은 머리를 묻었으면 했다
  세상으로부터 거두어 두었던 눈 코 입, 팔 다리가
  신화만큼 오랜 망치질 끝에 드러난 돌부처같이
  운명적으로 당신을 향할 수밖에 없었다고
  가을 이슬 털며 속말 하는 동안
  떫은 보늬 이로 깎아 뽀얀 햇밤을 입에 넣어주며
  남은 반을 오도독 깨물어 먹는
  사람과 살고 싶었다

  성실하게 센 귀밑머리와
  신념을 담은 강건한 입술에 가만 이마를 대어보고 싶었다
  남자라는 욕망과 여자라는 유혹의 껍질은 마르고
  슴슴하고 담백한 알맹이의 인간끼리 남아
  여름내 빛바랜 백일홍이거나 볼품없는 바랭이풀처럼
  허물어지고 주저앉으려 할 때

기꺼이 내어주는 어깨에 기대고 싶었다
그렇게 심드렁하게 살다가,
인연을 속단하지 않고 무던히 살다가
죽음이 다가올 무렵 말갛게 눈주름을 잡으며 웃어주는
그런 사람의 아내가 되고 싶었다

재산세

염치없지만 공짜로 누렸다
순대국 집 뒷골목
내장 끓이고 남은 비릿한 바람도 괜찮았고
아귀 맞지 않는 창 틈 이불 적시는 빗줄기도 감사했고
숨소리까지 들릴 옆집 담벼락 사이
얼굴 비추는 달은 기적같기도 했다
고무 화분에서는 시멘트 복사열로 고추가 실하고
꿈길까지 따라와 질주하는 자동차 소리는
도시 사람만이 가질 수 있는 특권이었다

오랜 공짜가 미안해졌다
대숲과 모래톱 돌아
푸른 다슬기 냄새 껴안고 온 바람
애인의 등을 닮은 보랏빛 저녁 강
고구마 밭 들깨 고랑 어린 생명 깨우는 소나기
밀려든 어둠 촘촘하게 파고드는 개구리 합창
쏴르르쏴르르 산위로 별 쏟아지는 소리

호박 가지 포도 익히는 달디단 아침 볕
고양이 산책에 놀라 떠는 물잠자리
툭, 설익은 대추 떨어지는 한낮의 고요

다 사는데 만육백오십원
이제야 사람 노릇 하게 되었다

장마

다행히 나이가 먹었네요
눅눅한 장마철 반지하 방에서 연탄가스 맡고
골마지 낀 동치미 들이켜던 날엔 빨리 늙어버리고 싶었거든요

외출했다 돌아오니
열어 둔 창으로 장맛비가 흥건하네요
어릴 적 맨발로 골목 길 절벽이던 생각나
한참 그렇게 서 있어 보네요
물 잠긴 서울 시내를 리어카로 건너본 적도 있어요
사과상자 위에 가지런히 발을 얹고 가야했지요
다리를 삼킬 듯 무섭게 소용돌이치는 물은
작은 내 밥그릇 하나만을 남긴 채
냄새나는 청계천과 낡고 비루한 살림을 함께 거두었어요
신기한 일이었어요
지붕이며 돼지며 농짝, 뿌리째 뽑힌 나무에 앉은 뱀
잠깐 든 햇살 사이 앉아 있으면

다른 행성에 온 기분이었죠
아버지의 일기에는
그 날이 이렇게 적혀있네요
'일기장과 애들 사진이 모두 떠내려갔다
속이 상해서 배갈 한 병을 마셨다.'

구청에서 새로 설치한 엘이디 가로등에
모여든 가는 빗줄기가 비단 실 같아요
하루살이가 어마어마한 전 생애를 바쳐
거룩한 구애를 하고 있군요

다음 주 쯤엔 장마가 끝난다지요
다행히 절망은 용량을 채운 후 더 이상
수위를 높이지는 않았죠
덕분에 나도 무사히 나이를 먹었어요

사진

 평생 돈은 쓰라고 있는 것이라던 아버지는 늘그막 하꼬방에서 구두닦이 가발공장 브라자공장 먼지 뒤집어쓴 자식들이 벌어오는 돈으로 살림을 하고 틈틈이 극장 가고 청요리도 시켰다 곧잘 나 혼자 무덤파고 죽을란다 고모에게 고함치던 할머니를 찾아가 신세 한탄을 했다

 고모 집 부뚜막 올라가 쌀을 안치다 아버지 부음을 들었다 너 때문에 눈을 못 감으셨다고 우리는 고아원에 갈지도 모른다고 오빠들은 말했고 그곳이 어디든 고모 집에서 나갈 수만 있다면 좋았다 다다미방에 눈을 뜬 채인 아버지가 아직 죽지 않은거라고 생각했고 데리러 오겠다는 약속을 지키지 않았다고 서럽게 울었다 사탕을 먹고 관 옆에서 잠이 들었다 아홉 살이었다

 사진 속의 아버지는 훤칠한 키에 중절모를 쓰고
 환하게 웃고 있다
 미쓰야마상이라 불렸고

아내가 있고 돈이 있고 어머니가 있고 자식이 있던 때였다
 영원을 믿었을지도 모르는 때였다

 아버지가 중절모에 손을 얹고 사진을 찍는 동안
 어머니는 대체 어디에 있었을까
 아버지가 자유와 허황된 이름과 여자를 얻으며 환하게 웃는 동안
 어머니는 원망과 분노와 슬픔과 외로움을 쟁여넣으며 어디에 있었던 것일까

 아버지는 웃고 있다 아주 환하게
 어머니 없는 사진 속에서

기본증명서

차창 밖 빗줄기는
사선을 그으며 한 곳으로 내달린다
텔레비전에서 보았던
동그란 대가리를 매단
정자들의 전력질주와 닮았다

세상에 발붙인 나를 증명해 주는 것 중
기본증명서라는 게 있더라
병치레 딸의 생사를 확신하지 못한
아버지의 머뭇거림이 고스란히 남아있었다
태어나고도 일 년 여가 지난 후
아버지는 관계라는 빈 칸에
女라 쓰고 내 존재를 비로소 인정했으리라

눈 가진 후에도
오랜 시간 가는 곳을 보지 못할 딸의
앞날을 예견하신 것일까
관계가 존재를 넘어서지 못한다는 진리 앞에

겸손한 무릎을 꿇은 것일 수도

오십 년을 훌쩍 넘기고 알았다
아버지의 정자가 치열하게 다다른 그 곳
허방을 받쳐주는 다리 없어 허둥대지만 결국
굳건히 서 흔들리지 않아야 하는 곳이
바로 나라는 것
그것이 기본이라는 것

비 긋는 차창을 열어 본다

냄새의 서사

　보름이나 스무날에 한번 아버지보다 먼저 집안으로 들어섰다
　땀 절은 중절모나 텅 빈 보스턴백에
　ABC포마드는 가득했던 돈 대신
　절망처럼 구겨져 채워진 채 돌아왔다
　ABC포마드를 먼저 맞은 어머니는 전열을 가다듬기도 했다
　백구두에 까진 뒤꿈치가 아물기도 전
　포마드 바를 일이 없어진 아버지는 대신
　배갈과 코티분 냄새를 자주 묻혀왔다
　소독약 냄새를 끝으로 아버지의 시간은 끝났다
　오빠들에게서는 초라한 생계를 파랗게 밝히는
　카바이드와 비닐포장 사이로 삐져나온 연탄가스와
　애처롭게 발가벗겨진 참새구이 냄새가 났다
　때로 찬바람 냄새가 다다미방으로 성급하게 발을 디밀기도 했고
　가끔씩은 원망섞인 주먹세례를 받은 골목도 불길한 냄새를 풍겼다

나를 키우던 궁핍과 비루의 냄새 가운데서
세상의 진짜를 분간하기 시작하던 겨우 그 때
청자담배와 걸을 때마다 나프탈렌 냄새가 나던 공단 치마 주름 사이
접어두었던 고단하고 지긋지긋한 냄새들을 집어던지고
홀연히 어머니는 가셨다

받아 든 어머니의 유골함
먼지처럼 낮게 내려앉은 냄새는
아마도 나를 키우는 마지막 냄새였다
냄새의 서사는 막을 내렸다
난 더 이상 크지 않을 것이다

어머니의 고무신

살구꽃 피는 마을을 지난 지는 한참
흑단 같은 머리채에 붉은 댕기는
어디에 풀어두었는가
자반 고등어가 있는 장날
차일은 걷히고 먼지바람이
남은 비린내를 쫓는 시간

공깃돌 남긴 채 동무들은 돌아가고
어두운 고샅길에 채 따라가지 못한
그림자 한 토막 서럽다

가라앉지 못한 흐느낌에 선잠을 깨니
깊숙한 햇살 사이
아버지의 바다에 닿지 못한
흰 배
한 쌍

상추꽃이 피었다

두어 포기만으로 행복했다
맛있는 국화를 생각해 보지 않은 것처럼
상추 꽃을 생각해 보지 않았다
대궁이 올라오기 전 밑둥부터 거세 당한 채
끝나는 생은 늘 당연했다

짧은 계절 사력을 다해 온 생을 내어놓고 있는
존재가 갸륵하긴 했지만
꽃을 피우리라고 생각해 본 적 없다
엉덩이 눅진하게 기다려 준 적은 더더구나 없다

어눌한 바람 부는 거리를
한동안 게으르게 걷다 문득 돌아온 날

퇴출당한 젊은 별 명왕성처럼
자꾸만 미어 터지는
해진 운동화처럼
또는 늙은 그리움처럼
알고 있는 낯섦처럼 갑자기

아버지의 서울
― 1968년 일기

오늘 성동극장에 영화 구경을 갔다
엄앵란이 주연이라 해서 오랜만에 갔더니
영화도 내용도 모두 엉터리였다
입장료가 올라 40원이다
비싸 구경도 못가겠구나

어제 어머님이 방에서 쓰러지셨다고 한다
지금쯤은 어떠신지 궁금하고나
어찌하든지 감이라도 좀 사다 드릴 생각이다

아침 9시 경에 이발을 했다
이발료도 올라서 60원이라 했다
내일은 장충체육관에서 하는 서독서커스 구경을 가기로 했다
관람료가 대인 300원 소인 100원이다

아이들에게 땅콩 군밤도 사주고
몇 달만에 하는 구경이니 아낌없이 써야겠다

고향 청주를 떠난 지 6년, 충주 묵호 서울 파란곡절이 많았다
우리 집에서 일하던 송 모, 만나면 정월초하루이던 전 경찰간부 오 모
청주 미도백화점 주인이던 문 모 많은 사람을 서울에서 만났다
그런데 내일 만납시다 하고는 그만이다
다 소용없는 일이다

성당에서 종소리가 났고
쌍화탕 장사가 지나갔다
새벽 6시이다
서울의 거리는 새벽부터 참 소란하다

천년 시종

눈 쌓인 봉황대*
'고분에 올라가지 마시오' 사이로
미끄러져 내려오는 아이들을 본다
햇살은 일찌감치 저녁 바람에 뒷덜미를 잡히고 말았다

천년 묵은 단단한 가슴딱지 뜯어내고
사람 들어서는 소리 듣고 싶었으나 영은 지엄했다
외로움 무거워 늙은 나무
기어이 여염으로 기울어 내게 말 건넨다

왜 사랑에 이르지 못했지
어떤 사랑도 잊어 본 적 없으면서
어느 누구도 사랑할 수 없었는가

사랑을 하면 늘 가난해졌거든요
헐벗은 가슴이 시려 젖은 소매 끝으로 눈을 가리곤 했죠
촛불 켜 들고 들어서는 따순 발소리 기다렸지만

어쩌면 내 마음 너무 오래 한 자리에 있었는지도 모르겠어요

공허한 시간은 서지 않는 기차처럼 빨리 지나가버리는 법이거든
세월은 우리가 모르는 것을 더 알고 있을지도 몰라
아, 바람 천 번 바뀌도록 시리고 사무쳤지

눈발 섞인 한 해 끝자락 바람이 분다
화석처럼 굳어버린 외로움을 안으려 가만 두 팔 뻗어본다

*경주 노서동 고분군 능에 발뻗고 사는 오래 된 나무가 있다.

불면도시의 음모

화성여행 모집 광고가 떴다
때가 온 것이다

이 도시로 온 후 자다 불을 켜지 않은 채 오줌을 누고 물을 마시고 안경을 찾아 쓰는 일쯤은 손쉬웠다 설계 단계에서 어둠을 빼버린 것은 비밀이었고 서민들은 신도시임에도 싼 집값에 환호했다

자정의 베란다 밖 목련이 환하다

언젠가 시골에서 만난 어둠은 얼마나 대단했는지 어깨에 매달린 팔을 찾지 못할 지경이었다 얼마간 사서 옮겨오고 싶었다 어릴 적 우리 동네엔 지독한 밤이 있어 자리끼를 더듬다 물을 쏟거나 심지어 할머니는 내 머리통에 실례를 할 뻔하기도 했다 변소 갈 때는 잉크 속을 헤엄치듯 어둠이 휙휙 감겨 누군가 옆에서 떼어내야만 했다

싼 집값에 불면이 포함된 건

도시 담당자의 노련한 기획안이었다

어둠을 가져 올 사람을 모집하기 위해

비밀리에 진행된 일이었다

화성 여행에

편도 티켓이 주어진 건 당연한 일이다

마리너 협곡*에서 어둠 한쪽을 베어낸 사람들을 둔 채

채집한 어둠만이 돌아와 뿌려질 것이다

도시는 새로 시작되는 것이다

'밤이 있는 도시, 불면이 없는 아파트, 절찬리 분양.'

*화성에는 태양계에서 가장 큰 협곡, 마리너 계곡이 있다. 길이가 4,023km나 되며, 깊이는 10km에 달한다. 태양계에서 가장 큰 협곡으로 알려져 있다. −출처 : 네이버

해바라기

케이마트보다 한달 남짓 뒤 구어삼겹살이 문을 열었다
착한 주인은 꽤 많은 돈을 들여 정원등을 심었다
그건 해를 많이 닮아
어쩌면 새로 생긴 해 일지도 모르겠다고
나도 생각한 적이 있었다
그 무렵부터 동네에 밤이 사라져 버렸다

첫 장면을 정확히 기억하는 사람은 없었다
매미소리가 지나치게 커 누군가 매미소리를 녹음해
최고 음량으로 재생하는 건 아닐까 생각되던 무렵이거나
수박 맛 아이스크림이 수박 맛에 도달하기 전
절반이나 녹아버리던 즈음일거라는 추측 밖에는

먼 산바람 가난한 동네까지 무릎걸음으로 내려오고
삼겹살 굽는 냄새 낮은 담을 넘어
허기진 신발에 닿는 늦은 저녁이면
어김없이 정원등 앞을 지키기 시작했다

보다 못한 내가 백만년 만에 충고 한 마디 했다
　바보, 세상의 따뜻한 것들이 모두 사랑은 아니라니까
　함부로 욕망하는 다른 모습일 수 있어, 속고 있는 거라고

　친절한 내 충고를 모른 척하더니
　바람에서 잘 마른 호청냄새 나던 하늘 높은 날
　그리움으로 까맣게 탄 수천 개의 눈을
　허공에 걸어 두고
　진짜 사랑을 찾아 나섰다

무료 사주풀이

 병자생 행동이 민첩 영리 이상 높고 자존심 강한 편이나 주변 사람들 시선을 의식하는 면이 있습니다 경자생 본래 음성적인 성질을 가졌으며 급한 성격과 이성에 대한 지나친 정열은 절제하는 것이 좋습니다

 병자생 어머니 스물 넷에 경자생 딸을 낳았는데
 남편이 청주 중앙공원 옆 점방 하나 팔아 마카오양복으로
 서울행 열차를 탈 때마다 경자생 딸이 울어서라고 생각했다
 시어머니 안방 문턱까지 놋대야를 부르고
 시누이 턱짓으로 가방 심부름 시키는 것이라 생각했다
 그래서 경자생 딸의 생일을 잊기로 했다

 주민등록번호를 생일로 친다해도
 사주를 보는데 시를 몰라서야, 사주쟁이는 혀를 찼다

 태어난 시간을 알면 경자생 5월의 나는

무엇이 달라지는 것일까,
어차피 탯줄부터 박혀있는 기둥이라면
까짓, 시를 묻지 않는 클릭이면 어떠랴
게다가 무료라는데

늙고 낡음에 대해

　나이 먹으면 흔히 찾아오는 허리 통증입니다 달래면서 살아야죠
　늙으면 제일 먼저 눈에 노화가 옵니다 인공눈물 넣으면서 견디는 수밖에요
　나이 들면 소화력이 떨어집니다 과식하지 말고 운동하면 좀 나아집니다

　다 썩어 선반 하나 만들기도 어렵습니다
　속이 텅텅 비었네요 이런 나무는 쓸 데가 없어요
　너무 오래 빈 집을 고이고 있어 힘이 다했네요
　다시 무언가를 받치고 지탱하는 데는 쓸 수 없겠어요

　늙어가며 하나씩 주저앉는 몸뚱이 가진 내가
　상 다리 하나 만들 수 없는 낡은 나무로 불을 지핀다
　한때 늙음과 낡음이란 이음동의어라고 생각했지만

　선암사 고매의 향은 대지를 채우고

부석사 무량수전 배흘림기둥은 여전히 아름답고 웅장
하다
 밭에 앉은 어머니 굽은 허리는 세상 가장 위대하고
 웃는 아버지 백발은 어린 자식들의 힘이다
 화순 고인돌은 또 얼마나 견고하게 낡은 늙음인가

 낡아 비로소 세상 물기 걷고 고요해진 내가
 늙어 비로소 대지의 중력 벗어나 미련없이 마른 장작
을 땐다
 세상은 더없이 밝고 환하다
 낡아 가벼워진 장작이 늙어가는 나를 안아준다
 흔들흔들 따뜻하게 덥혀준다

느닷없는 안부전화

잘 지냈던 거죠
시골살이는 괜찮은가요
뜬금없는 안부전화 놀라지 마요
세월이 가다 보면 불현듯 잊고 있던 사람이
그리운 날도 있어요
나도 그럭저럭 살아요
그나저나 올해 몇이요?
환갑이었구려 그리 되었네요

육십갑자 멀고 먼 한 바퀴
혼자 도느라
애쓰셨소 정말 애 많이 썼소
부디,
이 성성하고 웃음 해맑은 애인 손이라도 잡고
한 바퀴 더 돌면서
행복하게 사시오

| 해설 |

간극을 좁히는 '동사'의 부드러운 힘

송 기 한 (대전대 국문과 교수, 문학평론가)

1. 살뜰한 애정으로서의 서정시

학명란의 『따뜻한 동사』는 시인의 세 번째 시집이다. 이번에 상재하는 시들은 이전과 달리 자연친화적인 면들이 강하게 드러난다. 시를 쓰는 환경이 바뀐 탓이 크다고 할 수 있는데, 시인은 번다한 도시를 벗어나 지리산 자락에 자리잡고 서정의 공간을 새로이 마련해두었다. 서정시가 현실과의 조응이 산문에 미치지 못하는 양식이라 해도 주변 환경이 주는 영향으로부터 자유롭지 않은 것은 사실이다. 그러한 까닭에 시인의 작품들은 자연의 푸르른 색깔로 덧칠되기 시작한 것이다.

하지만 자연 속에 깊이 침잠해있다고 해도 시인의 시들이 자연을 예찬하는 틀에 갇혀 있는 것은 아니다. 몇몇 작품을 읽어보면 금방 알 수 있는 것처럼, 시인이 묘사하는 대상들은 매우 다채롭게 나타나는 까닭이다. 그의 시들은 자신의 주변에서 시작하여 저멀리 타칼라마칸 사막에 이르기까지 넓게 포진되어 있다. 따라서 그가 만들어내고 있는 시의 외연은 매우 크고 깊은데, 이는 대상을 응시하는 시인의 시선이 개방적이라는 사실과 무관하지 않다.

하지만 큰 시야나 넓은 공간에 대한 응시가 그냥 자연스럽게 이루어진 것이라고 보기는 어렵다. 이에 앞서 그의 시들은 이미 실존의 고통이나 가족주의적인 틀 속에서 치열한 자기 모색의 과정도 거쳐왔기 때문이다. 실제로 시인의 시들은 내성과 같은 자기 모색의 세계 속에 침잠하기도 하고, 또 가족들 사이에서 형성된 한계에 갇혀있기도 했다. 이런 요인들은 서정적 자아의 어쩔 수 없는 숙명일진대, 이런 운명들이 시인의 시쓰기의 근간으로 작용했던 것이다.

그럼에도 시인은 이 한계에 갇혀 실존의 고통을 토로하지 않았다. 뿐만 아니라 그러한 숙명에 침잠하여 자신이 나아갈 방향이 무엇인지에 대해서도 고민하지 않았다. 시인은 자신 앞에 놓인 실존의 고통이나 숙명 등을 시쓰기를 통해서 초월하고자 했기 때문이다. 그러한 면은 이 시인에게 매우 강렬한 것이었는데, 실상 서정 시인 치고 서정의 내밀한 욕구나 거기서 오는 통증을 발산이라는 장치에 의해 해소하지 않으려는 시인은 없을 것이다. 그럼에도 학명란 시인의 경우는 다른 서정 시인에게서는 보기 어려울만큼 서정적 갈망이 무척 강렬했다. 시인은 이번 시집의 서문에서도 이를 다음과 같이 말한 바 있다.

> 하늘도 구름도 바람도 초록도 여전히 그대로여서
> 게을렀다 말하긴 너무 길고,
> 살기 급했다 말하기엔 좀 구차한
> 내 십년도 별일없었다고 묻어가기로 한다.
> 하지만 한 순간도 시를 잊은 적은 없다.
> 잊기엔 너무 아름답지 않은가.
> ―「시인의 말」 전문

일상은 평범함과 지속성을 특징으로 한다. 따라서 그러한 일상에 갇히게 되면, 존재에 대해 뚜렷이 자각하는 것은 쉽지 않은 일이다. 시인의 언급처럼 그러한 삶이란 곧 "별일없었다고 묻어가기로 하는" 것이기 때문이다. 그런데 그런 평범함 속에서도 '시'는 이 익숙한 것을 떨쳐내는 매개로 시인에게 기능해왔다. 시를 잊기에는 그것이 너무 '아름답기' 때문이다. 여기서 알 수 있는 것처럼 시란 시인에게 평범한 일상을 깨기 위한 매개이며, 새로운 일상을 가져오는 동기이기도 하다.

서정시란 시인에게 이렇듯 생리적인 것이다. 이 감각은 자아와 서정시가 분리하기 어렵게 연결되어 있다는 뜻인데, 그 연결의 정점에서 시의 황홀감이 형성된 것이 시인의 작시법이다. 이 감각이야말로 시인을 서정시의 견고한 주체로 만드는 요인이라 하겠다. 따라서 그것은 시인에게 숭고한 미를 가져다주는 정신의 각성제 역할을 한다.

> 가령 타클라마칸 사막 낙타의 숙명 같은 것
> 끝없는 갈증과 싸우면서 걸어야 하는 일
> 모래바람 맞고 녹일 듯 뜨거운 태양을 견디는 일
> 움켜쥐어도 손바닥에 남지 않는 모래처럼 아득한 일
>
> 들어가면 나올 수 없는 곳에서 출구를 찾아 헤매는 일
> 발자국도 남지 않는 끝없는 오르막 내리막을 건너는 일
> 한치 앞을 분간할 수 없어 방향을 가늠하지 못하는 일
> 길이 없어, 어느 곳에도 길을 발견할 수 없어
> 먼저 간 이가 남긴 해골로 지표를 삼아야 하는 일
>
> 그럼에도 불구하고
> 평생 거처 없이 살아가다
> 모래와 추위 바람을 이겨낸 뒤
> 드디어 사막에서 실낱같은 길을 찾아내는 일
> 언젠가 이 길을 찾아 나서는 이에게 작은 이정표가 되어
> 주는 일
> 기어이 무릎을 꿇고서야 등짐을 내릴 수 있는 겸허한 일
>
> 내겐 그런 일
>
> ―「시를 쓰는 일」 전문

시인은 이 시집의 서문에서 '시'를 "잊기엔 너무 아름답

지 않은가"라고 했는데, 이는 분명 시에 대한 끈끈한 애정의 표현이라 할 수 있을 것이다. 하지만 인용시에 이르면, '시를 쓰는 일'이 결코 아름다운 것이 아님을 알게 된다. 그것은 자신의 실존과 분리하기 어렵게 얽혀있기에 아름다움 속에만 갇혀있을 수 없는 것이기 때문이다.

우선 시쓰기는 시인에게 "숙명 같은 것이고, 끝없는 갈증과 싸우면서 걸어야 하는 일"이다. 뿐만 아니라 "모래바람 맞고 녹일 듯 뜨거운 태양을 견디는 일"이기도 하며, "움켜쥐어도 손바닥에 남지 않는 모래처럼 아득한 일"이기도 하다. 욕망의 한 자락에 걸쳐 있는 것이 시쓰기이고, 또 실존을 향한 존재의 껍데기를 벗어내는 고통스러운 일이기조차 하다. 그러나 이런 고통이 고통 그 자체로 머물러있는 것은 아니다. 그렇기에 시인은 이런 형극의 길에서도 시쓰기에 몰두하는 것이 아닐까. 그것은 그 도정에서 희망의 출구, 유토피아의 메시지를 찾는 길이기도 하기 때문이다. 가령, "들어가면 나올 수 없는 곳에서 출구를 찾아 헤매는 일"이기도 하고, "먼저 간 이가 남긴 해골로 지표를 삼아야 하는 일"이기도 한 것이다. 게다가 그것은 "사막에서 실낱같은 길을 찾아내는 일"이며, 경우에 따라서는 "언젠가 이 길을 찾아 나서는 이에게 작은 이정표가 되어 주는 일"이기도 하다.

여기서 알 수 있는 것처럼, 시인에게 시는 자신이 나아가야 할 삶의 좌표이자 인생길이다. 그리고 현재의 장막을 걷어낼 수 있는 희망의 메시지를 던져주는 일이기도 하다. 이런 면에서 시인의 시쓰기는 자아중심적인 것이면서 이타적인 것이라 할 수 있다. 이타성이란 교훈의 감각 없이는 성립하지 않는 것인데, 시인이 자신의 시쓰기를 자기만족적인 것에서 머무르려 하지 않는 것도 여기에 그 원인이 있다. 그의 시들은 자신에게서 시작되어 타인의 정서에까지 스며들어가려 한다. 교훈은 계몽적이라는 점에서 위험성이 어느 정도 내재하고 있는 것이 사실이지만, 그럼에도 불구하고 시인은 그러한 위험에 대해 개의치 않는다. 위험보다는 공익적인 측면이 우선할 수 있다는 자신감이 앞서 있는 까닭이다.

시인에게 시란 자아와 일체감을 형성해준다. 그런 일체성으로 인해 시인은 자신의 시쓰기에서 어떤 만족감 내지 해방감에 젖어 든다. 이 정서는 억압으로부터의 탈출이고, 자유에 대한 굳건한 의지이기도 할 것이다. 어떤 속박에도 갇히지 않으면서 자신의 앞길을 당당하게 개척해나가는 것, 그리고 그러한 개방성 속에서 어떤 교훈의 메시지를 찾아내는 것, 그것이 시인의 시쓰기의 요체이다.

2. 자기 완성을 위한 성찰의 길

시인은 자신의 삶에 있어서 한순간의 여백에도 잊을 수

없는 것이 시라고 했다. 그리고 그렇게 소중한 시 혹은 시 쓰기가 자아중심적이고 또 이타적인 것, 곧 이중적인 것이라고도 했다. 이런 맥락에서 그의 시쓰기는 두 가지 경로를 향해 나아간다. 그 하나가 바로 자아지향성이다. 서정시가 일인칭 자기표현의 장르임을 감안하면, 이런 경로랄까 방향이란 당연한 것이라 할 수 있다. 대부분의 서정시인이 내면이라든가 성찰의 문제에 서정적 정열을 쏟아붓는 것은 이 때문이다.

서정시에 있어서 자아를 향한 물음에 시인 역시 소홀히 응답하지 않는다. 아니 소홀한 것이 아니라 다른 어느 시인보다도 치열한 열정을 보여준다고 하는 편이 옳을 것이다. 시인의 시들이 두 가지 방향성을 지향한다고 했거니와 자아의 문제는 이렇듯 그의 시세계의 중심으로 자리잡는다.

칸막이 높은 경양식 집에서
비지스 들으며 멕시간사라디 먹을 땐
인간으로 익는데 이렇게 오래 걸릴 줄 몰랐지
시간이 가면 저절로 익어지는 줄 알았다니까

저문 호박밭에서 뱀 잡아 아픈 오빠에게 고아주던
엄마 나이를 한참이나 지나고도
세상의 날들이 버겁고
허리 세우고 멀리 눈을 두어야

단단히 설 수 있다는 것도 모르거든
뜨거운 고향 잊은 채 먼 길에 거죽만 익어
풋 맛이기도 안타까운 향이기도 한
열대과일처럼 말이야

탯줄로부터 너무 일찍 떨어진 것들은
시간의 눈물과 견딤의 날들을
유전자에 꼼꼼하게 새겨두는 법이거든
상처가 아름다운 옹이가 되는 것처럼
달콤한 향기로 거듭나려는거지

그래서 말인데,
나 아직 익는 중인 것 같아
가끔씩 불뚝심지가 일어나고
심장 들쑤시는 쓰라림이 있고
견뎌야 할 것들이 제법 남아 있는 걸 보면

—「후숙」 전문

  한 개인에 있어서 인격의 진행과 완결을 구분하는 변곡점은 아마도 성숙이라는 감각이 자아의 내면에 깊숙이 침투해올 때가 아닌가 한다. 앞으로 나아갈 수 있는 여백이 존재한다는 것은 가야 할 목표가 있다는 뜻이다. 만약 그 최후의 목표에 도달하게 되면, 나아가야할 동력, 시인의 표현대로 하면, 더 이상 '익어야 할' 필요 없는 상황에 놓이게 된다. 그 정점에 있는 것이 바로 성숙이다. 하지만 그 지점에 대해 정확히 진단하는 것은 쉽지 않은 일이다.

"인간으로 익는데 이렇게 오래 걸릴 줄 몰랐다"거나 "시간이 가면 저절로 익어지는 줄 알았다"고 하는 것은 이와 밀접한 관련이 있을 것이다. 뿐만 아니라 그것은 타자의 기준에 의해서도 쉽게 체득되는 것이 아니다. "엄마 나이를 한참이나 지나고도" "세상의 날들이 버겁다"고 느끼는 것은 이 때문이다.

어떻든 현재 자아는 소위 완성이라는 단계에 이르지 못했다. 그 단계가 존재론적 완성일 터인데, 실상 이러한 단계에 이르는 것은 쉽지 않거니와 경우에 따라서는 불가능에 가까운 일일지도 모른다. 그 정점에 이른다면, 서정의 정열은 더 이상 불태워질 수 없거니와 그렇게 되면, 자아와 세계의 불화 속에서 탄생하는 서정시는 존재하기 어려울지도 모른다. 하지만 끝없는 성찰과 자기 수양 속에 지나온 자아라면, 어느 순간에 이 정점에 도달한 듯한 착각을 불러일으키기도 한다. 적어도 자신을 뒤돌아볼 매개랄까 수단이 없는 경우에는 그렇다고 할 수 있다. 하지만 서정적 자아는 그런 판단이 이내 잘못된 것임을 알게 된다. 마지막 연의 "그래서 말인데"라는 정서는 이를 단적으로 말해주는 담론이 아닐 수 없다.

서정적 자아가 이런 판단을 한 배경에는 자아의 내부에서 솟아오르는 감정의 여러 실타래와 무관하지 않다. 이런 정서의 끈들을 욕망이라는 이름으로 묶을 수 있거니와 실상 인간은 욕망 때문에 억압된 존재, 곧 존재론적 불안에 시달리는 존재이다. 자아에게 "가끔씩 불뚝심지가 일어나고" "심장 들쑤시는 쓰라림이 있고" 또 "견뎌야 할 것들이 제법 남아 있다"고 감각하게 하는 것은 모두 욕망의 작동 때문이다. 만약 이런 정서가 없다면, 자아는 익었다고, 곧 성숙했다고 과감하게 선언했을지도 모를 일이다. 하지만 그러한 언표를 하기에는 현재의 자아를 짓누르는, 익는 도정을 가로막는 욕망이라는 전차는 너무 강렬하게 다가오고 있다.

욕망으로부터 자유롭지 않다는 것은 모든 인간이 갖는 숙명이다. 그러한 운명으로부터 벗어나고자 하는 것이 인간의 영원한 꿈이자 유토피아일 것이다. 그렇기에 인간은 그러한 문제를 자아에게 묻고, 이를 계속 실천하고자 끊임없이 노력하는 것이다. 이런 정서가 곧 수양이라는 실천, 원죄를 딛고자 하는 윤리적 의무와 연결되는 것은 자연스러운 일이라 하겠다.

    칭찬은 들어야 제 맛
    욕은 먹어야 제 맛

    이른 봄 민들레 여린 순 쌉쌀한 무침이나
    한여름 슴슴한 된장 올린 상추 쑥갓 쌈
    하늘 파란 날 현기증처럼 노란 호박죽

쩡쩡 얼어붙는 별빛 소리 들으며 후루룩 동치미국수
이 중 압권은 먹을수록 오래 살게 해준다는
신비한 주문이 걸린 욕 한사발

나온 곳은 같은데
칭찬은 귀로 돌아가고
욕은 입으로 들어온다니
가난한 어머니 그래서 어린 내게
푸지게 주셨나

영문모를 억울한 욕 한마디
피가 되고 살이 될지니
모르겠다,
오늘
눈 질끈감고
꿀꺽

―「욕」 전문

    세상에 던져진 존재, 곧 실존의 과정에 놓인 존재를 이끌어가는 요인들은 무수히 많다. 지금 인용시가 말하고자 하는 것도 이와 무관하지 않은데, 지금 시인 앞에 놓인 두 가지 대상, 곧 존재를 형성케 하는 매개로서 제시된 것은 '칭찬'과 '욕'이다. 물론 시인이 제시한 것은 이 두 가지 정서적 요인만 있는 것은 아니다. 정신과 대비되는, 육신을 이끄는 요인들을 제시하고 있기 때문인데, 가령 '어린순 쌉쌀한 무침'이나 '쑥갓 쌈' '호박죽' '동치미국수'

등등이 그러하다. 하지만 육신과 관련된 이 음식들이 시인의 정서에 끼치는 영향은 미미하다. 그보다 중요한 것이 정서적인 요인들이고, 그 가운데 중심적인 것은 '욕사발'이다.

'욕'은 자아에 대한 타자의 불만족에서 형성된다. 그러니 자아에게는 그것이 결손의 한 부분으로 표상된다. 만약 그러한 결손이 타자에게 감각되지 않았다면, 자아의 정서를 훼손시키는 욕은 만들어지지 않았을 것이다. 따라서 욕이 자아의 결손을 메워줄 수 있는 긍정적인 요소를 갖는 것은 자연스러운 일일 것이다. 물론 그 반대의 경우도 있을 것이다. 타자의 욕망을 채우기 위해, 타자의 자존심을 위해 행해지는 욕도 얼마든지 있을 수 있기 때문이다. 하지만 지금 여기에서 중요한 것은 욕이 서정적 자아의 근원적 뿌리에 닿아 있다는 사실이다. 그래서 자아는 타인으로부터 행해지는 욕에 대해 부정의 정서라든가 항의의 몸짓을 표명하지 않는다. 오히려 그러한 부정적 담론들이 자아에게 "피가 되고 살이 될지니" "눈 질끈감고/꿀꺽" 삼키겠다고 한다. 이 얼마나 긍정의 포오즈, 혹은 열린 자세인가. 자신에게 오는 모든 부정적인 것들을 수용하겠다는 자세를 취할 경우, 일상에서 벌어지는 갈등의 씨앗들은 애초부터 형성되지 않았을 것이다. 그러한 불화가 없는 것만으로도 갈등이라든가 실존의 결손들은 메워질 수 있는 것이 아닌가.

  어떻든 존재를 완성하겠다는 시인의 자세는 개방되어 있다. 비록 그것이 부당한 것, 잘못된 것이라고 해도 이에 대한 원망을 타자에게로 표출하지 않는다. 그것은 시인의 욕망대로 자신이 '익어가는 과정'일 것이다.

> 내게로 왔던 '첫'들이여 미안하다
> 비둘기가 멈추기도 전 표를 잃은
> 환하게 꽂히는 시어 하나 붙잡지 못한
> 날 용서해라
> 내게 순결을 바친
> 거짓 맹세를 눈감아 준
> 배신과 무지를 견뎌 준
> 알면서도 속아준 내 모든 '첫'들아
>
> '첫'을 잊은 것은 세상 잘못이 아니라
> 그 순결과 맹세를 믿지 못한 내 무지였고
> 첫 약속을 지키지 못한 것은 오만함이었다
>
> 줄곧 찾아 긴 시간 놀고 놀아오니
> 결국 끝은 모든 '첫'과 같은 자리에 있어
> 다시 시작하라 속삭이고 있다
>
> 기다려라 내 모든 '첫'들아
> 그때의 푸른 첫마음 잊지 않았다
>   ―「나의 '첫'들에게」 부분

'욕'이 타자로부터 오는 것이고, 또 이를 받아들이는 것은 열린 자세가 있을 경우에만 가능하다. 그런데 존재론적 완성이라는 지난한 과제를 수행하기 위해서는 이 자세만으론 충분치가 않다. 바깥 세계에서 다가오는 것들에 대한 완충작용도 필요하지만 내부에서 솟아오르는 것들에 대한 반성의 자세도 필요한 까닭이다. 「나의 '첫'들에게」는 그러한 내성의 자세를 문제 삼고 있는데, 여기서 중요한 것은 반성과 다짐의 형식이다. 그것은 지난 과거의 시간과 연결된 것이고, 또 다가올 미래와도 분리하기 어려운 것이라는 점에서 현재의 '자아'를 규정하는 중요한 잣대라고 할 수 있을 것이다.

어떤 존재가 새로운 단계로 나아가기 위해서는 과거를 반추하고 현재의 자기를 진단해야 한다. 그래야만 다가올 미래, 곧 유토피아에 대한 꿈을 실현할 수 있는 계기를 마련할 수 있기 때문이다. 인용시가 말하고자 하는 것은 그러한 반성과 다짐의 세계이다. 지나온 과거와 현재는 불완전한 것이었지만, 이런 반추의 자세만이라도 할 수 있다는 것, 그것이야말로 앞으로 나아갈 새로운 동력과 불가분하게 연결시킬 수 있을 것이다.

시인의 존재론적 완성에 대한 동인은 이렇듯 자아 외부와 내부 등 그 모두에 관계되는 것이었다. 전자가 열린 자세와 연결된 것이라면, 후자는 내성과 관련된 것이었다.

개방성과 내성의 총화 속에 존재론적 완성을 향한 시인의 꿈은 한층 웅숭깊게 형성되어 가고 있었다.

3. 따뜻함을 향한 여정

 존재를 완성시킨다는 것은 자아의 꿈이기도 하지만 자아가 놓인 사회와도 분리하기 어렵게 얽혀있는 것이기도 하다. 자아 혼자만의 존재론적 완성이나 윤리적 실천만으로 유토피아가 실현될 수 있다고 생각하는 것은 어리석은 판단이기 때문이다.

 그리고 시인이 이번에 상재하는 시집의 정서 가운데 중요한 것이 바로 그리움의 정서이다. 그리움이란 결핍이 만들어낸 불가항력적인 욕구에 의해 형성된다. 현재가 불편부당하기에 이에 대한 대항담론이 형성되는 것이다. 시인이 절창으로 만든 「질경이, 그리움에 닿기」가 그러하다. 시인은 여기서 질경이꽃이 "절실함과 바람이 이삭 꽃차례로 피어/ 저승과 이승을 연결하는"고리로 이해했다. 그런 다음 이 꽃의 개화가 "아무리 밟혀도 죽을 수도 시들 수도 없기에" 핀 그리움 때문이라고도 했다. 시인은 이 꽃의 의미를 주술의 차원으로까지 승화시켜 그리움의 정서가 어떤 것이어야 하는지를 극명하게 표현한 것이다. 이렇듯 시인에게 형성된 그리움이란 현재의 불온한 정서가 있기에 가능한 것이었다. 그것은 일차적으로 존재론적 불안에서 만들어진 것이고, 궁극에는 그 음역이 사회적인 차원으로 확대되고 있었다.

    날이 풀렸어요
    강변 책방 주인이 웃는다

    열흘 남짓 미처 비우지 못한 독 두 개가 깨지고
    꺼내지 못한 계란 세 개가 터졌다
    풀리다 라는 동사는
    얼마나 보드랍고 폭신한 단어인가
    가장자리 얼음을 녹여 강은 옥빛으로 흐른다

    뽑지 않은 배추 웅크린 결구 풀고 해를 받는 오늘
    녹신녹신하고 따뜻한 낱말들을 설레며 세어보았다
    흐르다 녹다 날다 살다 보듬다 쓰다듬다 웃다 사랑하다,
    살살 간지러운 듯 말랑말랑한 동사
    오해했던 친구에게, 되우 어지러운 일머리에
    꼬였던 뜨개실에 그리고 층층 엉긴 세상사에
    마스크에 덮인 채 멀어진 관계에
    간절하고 절박했던 단어

    천구백 칠십 사년 민음사에서 나온 이상평설 한 권을 찾아 들고
    책먼지 냄새 가득한 계단을 나오며
    정말 많이 풀렸어요
    노글노글하고 물렁해진
    내가 말했다
                   ―「따뜻한 동사」 전문

존재론적 불안이 정서의 파편화에 그 원인이 있다는 것은 잘 알려진 일이다. 가령, 의식과 무의식 사이에 놓인 화해할 수 없는 간극이야말로 존재의 완성을 향한 꿈을 무력화시키는 절대적인 거리인 것이다. 물론 이런 간극이 개인 내부의 것에서 한정되는 것은 아니다. 그 음역은 사회적인 것에서도 재현될 수 있는데, 공동체의 갈등이나 불화 역시 서로 간에 넘나들 수 없는 절대적 거리에서 만들어진다.

내성과 윤리적 수양에 집요한 천착을 보여준 시인은 이제 서정의 시선을 자아 외부로 돌리기 시작한다. 그런데 시인이 응시한 사회 역시 자아내부의 균열과 하등 다를 것이 없었다. 그 넘나들 수 없는 간극이 이 사회를 차갑게 만들고 갈등의 골을 깊게 만들어버렸다. 그래서 시인이 주목하게 된 것이 '동사'라는 어휘이다. '동사'는 문장을 완결시키는 데에 방점을 두고 있긴 하지만, 그 중요한 기능적 속성 가운데 하나는 '움직임', 곧 유연성이다. 움직일 수 있다는 것은 견고한 어떤 성채를 넘어뜨릴 수 있다는, 혹은 넘나들 수 있다는 속성과 밀접한 관련이 있는 경우이다. 시인은 그러한 성채를 "뽑지 않은 배추 웅크린 결구"라고 했다. 그 웅어리진 매듭을 푸는 것은 '해'인데, 가령 해가 따뜻함에 기초한 '풀다'라는 동사와 관련이 있는 것은 잘 알려진 일이다. 이렇듯 시인이 주목한 것이 간극을 좁히고 초월하는 동사이다. 그의 자의식 속에 떠오른 동사들이란, 가령, "흐르다 녹다 날다 살다 보듬다 쓰다듬다 웃다 사랑하다" 등등이다. 시인은 이 동사들의 속성을 "살살 간지러운 듯 말랑말랑한" 것으로 이해하고 있는데, 그 기능적 속성을 "오해했던 친구에게", "꼬였던 뜨개실에", "층층 엉긴 세상사에", "마스크에 덮인 채 멀어진 관계"를 물렁하게 만드는 것으로 이해했다. '물렁한 것'은 견고한 틀을 무너뜨리는 촉매제이다. 그리하여 시인은 그것이 절대적인 간극을 뛰어넘어 하나의 물상으로 승화시키는 역할을 담당하는 것이라고 했다.

시인은 동사의 기능적 속성에 주목하면서 그것이 어떤 견고한 것을 뛰어넘을 수 있고, 또 어떤 집단이나 이념 등에 의해 구분된 것을 초월할 수 있는 것이라 했다. 그리고 이 도정에서 그의 눈에 착목된 것이 '이상평설'이다. 우리 시사에서 이상은 의미의 해체와, 그에 따른 인식의 통합을 추구한 시인으로 알려져 있다. 그가 이해한 대로, 의미란 고정적이고, 또 정신을 굳게 만든다. 반면, 의미의 해체는 정신을 해방시키고, 의식과 무의식의 간극을 무너뜨린다. 시인이 "민음사에서 나온 이상평설 한 권을 찾아들고" 나오는 이 행위야말로 견고한 실체를 무너뜨리는 상징적인 행위와 밀접히 결합된 것이라는 점에서 주목을 요한다. 어떻든 시인이 동사를 통해서 관심을 두고 있는 것은 '풀리기'와 '녹이기'이다. 이런 해체적 감각이야말로 간극으로 분리된 현실이나 갈등을 초월할 수 있는 계기로 판단하고 있는 것처럼 보인다.

> 구십여 년 발 묻고 버틴 낡은 집 헐어
> 군불 지필 나무를 모았다
> 남루한 살림 속에서 나온
> 양동이에 송판 두 개 걸친 간이화장실
> 거동 불편한 늙은 어매 쪼그려 앉지 않도록
> 가난한 아들 궁리 끝에 만들었으리라
> 송판 뜯어 불을 지핀다
> 어매 똥에서 너울너울 꽃이 피어난다
> 세 칸 집에 아홉 형제 길러냈다는 어매
> 자식들 벌이 변변치 못해도 모두 효자여서
> 그래도 사는 것이 폭폭하진 않았더라는 어매
> 일생 밭 일구고 무릎 닳아 변소 가는 일이 녹록치 않았을
> 어매 똥이 꽃으로 피어 아궁이 안에서 훨훨 난다
> 무릎 펴고 허리 펴고 가볍게 꽃으로 날아 오른다
> 쥐코밥상이나마 자식들 입에 넣느라 애 닳은 까만 속내
> 이제야 꽃이 된다
> 꽃 가벼이 오르며 타다다닥 탁 투닥 똥이 춤을 춘다
> 한번도 보지 못한 어매, 똥이 황홀하다
> 꽃이 핀다 똥이 튄다
> 참 따뜻하다
> ―「꽃이 핀다, 똥이 튄다」 전문

이 작품에서 '어머니의 똥'은 응어리의 상징으로 구현된

다. 따라서 그것은 자신의 실존이면서 가족의 생존과 불가분하게 얽혀 있는 것이기도 했다. 가령, "일생 밭 일구고 무릎 닳아 변소 가는 일이 녹록치 않았기에" 만들어진 것이다. 그 편편치 못한 삶이 만들어낸 결정체가 바로 '어머니의 똥'이었던 것이다.

하지만 "쥐코밥상이니마 자식들 입에 넣느라 애 닳은 까만 속내"가 이제 날개를 달아 풀어헤쳐지려 한다. 아궁이 속에서 훨훨 날아서 "꽃이 되려고" 하는 것이다. 똥을 꽃으로 만든 것은 '타다'와 '난다'라는 동사가 만들어낸 결과물이다. 이렇듯 동사는 움직임이고 모든 견고한 것을 해체하는 기능을 한다. 시인의 작품들은 '동사'를 타고 이제 꽃으로 '승화'하고자 한다. 어머니라는 한의 응어리가 불을 만나면서 비로소 풀려나는 것이다. '똥을 태운다는 것', 그리하여 거기서 어떤 승화의 정서를 얻은 것은 주술의 영역에 가까운 것이지만, 그럼에도 그 연소의 과정 속에 피어나는 따뜻함의 정서는 무척 아름답기만 하다. 그것이 이 시인이 취하고자 했던 서정의 자세이자 응전이었다.

4. 사랑과 자연의 절대적 세계

따뜻함이란 포용의 자세 속에서 형성되는 감각이다. 자아와 다른 타자를 껴안는 것이야말로 이 자세의 정점일 것이다. 시인의 이번 시집에서 이 포오즈가 적극적으로 그리고 지속적으로 구현되고 있는 것은 아니다. 그럼에도 이러한 정서들을 어렵지 않게 간취할 수 있는데, 이는 반성과 포용의 자세에서 시작된, 시인의 서정적 경로가 어디를 지향하고 있는지 잘 말해주는 것이 아닐 수 없다. 그 연장선에서 시인은 동사가 갖는 유연성에 대해서도 주목한 바 있다. 그 속성이 견고한 간극이나 절대적인 거리를 뛰어넘는 근본 수단임을 이해한 것이다.

유연함과 승화의 정서를 타고 이제 시인의 내면에 자리하기 시작한 것이 바로 사랑과 자연의 세계이다. 사랑이란 용서와 포용 없이는 불가능한 정서이다. 또한 시인이 지금껏 탐색해왔던 서정의 궁극적 지점, 곧 **따뜻함**의 정서와도 불가분하게 결합되어 있는 것이기도 하다. 따라서 시인이 사랑의 정서를 발견하고 이를 서정화하는 것은 무척 자연스러운 일이라고 하겠다.

> 매일매일 뜨겁게 사랑했어야 했다
> 내일은 없는 것
> 언어는 단지 허망한 기호일 뿐
> 당신을 사랑하는 일에 심장을 담보했어야 했다
> 삼억 삼천년 전에도 사랑했고
> 삼억 삼천년 후에도 여전히 사랑하는 일에
> 생애를 거는 하루살이가 난 되었어야 했다

억수같은 빗줄기 속에서
오늘을 살아내려 고군분투하는 저들에게
내일이란 헛되고 무가치한 약속
정말 나는 하루살이가 되었어도 좋았다
영원을 믿지 말고 내일을 기약하지 말고
죽을 힘을 다해 당신을 사랑했어야 했다
온 생을 내어 푸르고 푸르르다
후루룩 한 순간 타버리는 겨울 낙엽이나
수정 후 모가지를 꺾으며 스스로 떨어지는 동백은
얼마나 군더더기없이 제 시간을 살아낸 생인가
내일 더 사랑 할 자신 있어 멈칫거린 망설임은 아니었지만
아무래도 하루살이의 온 생으로 당신을 사랑했어야 했다

―「나는 하루살이가 되어도 좋았다」 전문

 서정적 자아는 첫 번째 행에서 "매일매일 뜨겁게 사랑했어야 했다"라고 단언적으로 말한다. 그러는 한편으로 "내일은 없는 것/ 언어는 단지 허망한 기호일 뿐"이라고 선언하기까지 한다. 현재의 의식 속에 깊이 침윤된 자의식을 생각하면, 시인은 지금 지나온 과거와 미래가 사상된 포스트모던적인 정서를 펼쳐보이고 있다. 언어를 단지 허망한 기호라고 보는 것 또한 그러하다. 하지만 이러한 인식들은 사조의 문제가 아니다. 그것은 오직 시인의 자의식과 관련되어 있는 것이다. 현재의식에 몰입되어 있다는 것은 시인의 자의식이 그만큼 강렬하고 진정성이 있다는 뜻일 것이다. 그가 하루만 살다 죽는 하루살이를

시의 소재로 내세운 것도 그 연장선에서 설명할 수 있을 것이다.

　시인에게 지금 필요한 것은 위선과 가장과 같은 허위의 껍데기가 아니다. 지금의 간극과 거리로 나뉘어진 정서와 갈등을 포회하는 것, 곧 진정성있는 장치만이 필요할 뿐이다. 그러한 갈증이 만들어낸 것이 바로 사랑이다. 사랑이 이타성에 기반을 둔 것이라는 점, 절대적 간격을 초월할 수 있다는 점에서 시인이 애써 강조하고 있었던 '동사'의 기능적 의장과 분리되는 것이 아니다.

꽃이 피는 일은 아무래도 신의 소관이다
마르고 낡은 가지에서 이토록 황홀한
풋낯을 내미는 것이 이미
인간의 일은 아닐지니
마른 내에선 지난 여름
난폭하던 물 냄새가 남아있지만
신의 궁전에서 섣불리 나대지 않기
난달 같은 마음 차곡차곡 개켜두고
기도하는 걸음을 옮길 일이다
눈 감고 입 닫고
잠시 아랫배까지 숨을 끌어당겨
신이 주신 세상 첫 향기를 맡을 일이다
사려니에선 정녕
정화수 같은 눈물
한 방울 맑게 떨굴 일이다

—「사려니」 전문

앞서 언급대로, 사랑과 더불어 시인이 주목한 소재 가운데 하나가 바로 자연이다. 이번 시집에서 자연을 소재로 한 작품들, 그리고 이를 형이상학적 의미에서 직조한 작품들이 많지 않은 것이 사실이다. 그럼에도 대상을 포회하는 시인의 끊임없는 정서가 '사랑'과 더불어 '자연'으로 나아갔다는 점에서 역시 주목의 대상이 되는 경우이다.

　흔히 알려진 대로 자연은 비분리의 세계이다. 모든 물상들이 자연이라는 하나의 전체 속에서 사유되기 때문이다. 근대의 이중성이라든가 그것이 주는 부정성을 딛고자 할 때, 가장 먼저 의식의 편린 속에 자리한 것이 자연이다. 자연이란 이법이고 통합의 세계이다. 그러니 사랑과 같은 포용이고, '동사'의 기능적 속성과 같은 비구분의 세계이다. 구분이 없으니 갈등이 없고, 간극이 없으니 분리가 없다. 이런 절대 통합의 세계에 기투하는 것이야말로 또 다른 사랑의 세계, 동사의 세계가 아닐 수 없는 것이다.

>　작은 것들은 모이고 걷고
> 단결한다
> 외면당하고 짓밟혀도
> 당당한 한 우주

모이면 힘이 되고 강건해지고
견딜 수 있다
딛고 궐기한다

누군가는 겸허히 무릎 꿇어야 하리
주저앉거나 진정으로 고개 숙인 자에게
은밀한 독대는 허락되리라

엄혹한 계절의 배반에
뜨거운 입김으로 서로를 데워
거룩한 혁명의 깃발을 밀어 올린
개불알풀, 쇠별꽃, 꽃마리, 금창초, 광대나물

혼자서
진정으로 아름다울 수는 없지,
배운 적 없어도 알고 있는
가장 낮은 곳
결가부좌한 용맹정진

―「들꽃」 전문

 들꽃은 잡초에 가까운 것인데, 잡초란 전혀 쓸모없는 것으로 사유되지만 그것이 서정에 걸러지면 절대적인 가치로 승화하게 된다. 시인의 표현대로 '당당한 우주'가 되는 것이다. 그런데 중요한 것은 이 우주가 담당하는 형이상학적인 가치에 있을 것이다. 시인은 그것을 역시 간극을 뛰어넘는 단결의 미학에서 찾고 있다. "혼자서/ 진정으로 아름다울 수는 없는", "배운 적 없어도 알고 있는/ 가장 낮은 곳/ 결가부좌한 용맹정진"의 세계에서 그 구경적 가치를 발견 하고 있는 것이다. 여기서 알 수 있는 것처럼, 자연은 구분이 아니라 통합이며, 갈등이 아니라 조화의 세계이다. 그것이 하나의 완전한 전체로 기능할 때, 비로소 따뜻한 정서가 연기처럼 피어오르는 것이다.

  학명란의 시들은 장쾌한 서사구조를 갖고 있다. 그 서사란 사건들의 인과 관계가 만들어낸 산문적 세계가 아니라 정서의 아름다운 고리가 만들어낸 연쇄적 서정의 세계이다. '욕'을 수용하는 열린 자세와 '내성'의 겸손한 감각, 그 외연을 감싸고 있는 '따뜻한 동사'가 날줄과 씨줄이 되어 시인의 서정성에 연결되어 있는 것이다. 그 고리들은 멈추지 않고 계속 진행된다. 서정의 불화를 좁히기 위한 시인의 치열한 열정은 '사랑'이라는 통합의 정서, 그리고 '자연'의 조화라는 형이상학적인 의미에까지 확대되고 있는 것이다. 이 서정적 인과관계가 만들어낸 아름다운 집합이 바로 『따뜻한 동사』의 구경적 세계이자 주제라 할 수 있다.